THE ELEMENTS OF EDUCATION

教育原論

保育・教育を考える6つの視点

木山徹哉/太田光洋
［編著］

ミネルヴァ書房

はじめに

　子どもの育ちや子どもを産み育てる営みに関連して，こんにち私たちの社会には，聞く者の心持ちを暗くする言説が残念ながら少なからず存在します。たとえば，基本的な生活習慣や態度が身についていない，他者とのかかわりが苦手，自制心や耐性が十分に育っていないなどというような，子ども自身の育ちのおかしさを指摘するもの。また，子どもの声を「騒音」と見なしたり，子どもの存在を「忌避」したりするおとなたちの言説。あるいは少子化，子どもの貧困，教育格差，学校不信（不適応）など。

　また，グローバル化や情報化の急速な進展の中で，これまで築いてきた保育および教育のシステム，ならびに保育および教育の内容・方法の転換が迫られてきています。これまで物質的な資源が経済活動など社会を動かす主要な力になっていましたが，新しい知識・情報・技術の創造と獲得および活用が社会のすべての活動の基盤として重要性を増す，いわゆる知識基盤社会（knowledge-based society）に対応する学びが求められています。基礎的・基本的な知識・技能の確実な習得と，それらを活用して課題を見いだし解決するための思考力・判断力・表現力を身につけることなどが，「新しい学力観」という語句とともに学校の日常の中で主要な言説となっています。そしてこの教育活動を支える保育者および教師には，システム改革に対応する資質・能力の向上や，新たな能力の習得が期待されています。

　以上のような課題を抱えているにもかかわらず，いや課題を抱えているからこそ，積極的に（あるいは果敢にと言うべきでしょうか），近い将来保育および教育という領域の専門職に携わり，子どもあるいは子ども時代の価値を見つめ，子どもを産み育てる営みを支援し，次世代に文化を伝える担い手になろうとする方々，本書はそのような読者を想定しています。

　私たち執筆者が，本書を通じてみなさんとともに考えたいことは，「6つの

視点」として示しています。6つの視点は、本書では6つの章の題名に表現しています。視点の基本的内容については、各章の冒頭に述べていますが、簡単に紹介すれば以下のようなことです。

第1章は、子どもたち（あるいは私たち人間）が学ぶことの意義について考えます。教育という営為および学校の歴史、「教える」や「学ぶ」の意味の変化を辿りながら、「子どもは何のために学ぶか」という問いに対する回答を探ります。

第2章は、子どもの価値、あるいは子ども時代（子ども期）に対して付与されてきた意味について考えます。それは、おとな─子ども関係のありように、さらにはおとなの生き方にもかかわることです。また、子どもの「成長」や「発達」に対するこんにちの捉え方についても考えます。章の題名を「子どもを見つめる」としました。

第3章は、「教える─学ぶ」という営為にかかわる規範や環境整備、つまり法令や制度について考えます。ここでは「学びを支援するしくみ」とし、学ぶ権利の保障について確認しつつ学びの平等性や公平性、あるいは多様性を担保するためのしくみについて考えます。

第3章は「しくみ」に視点を当てますが、第4章は、「人」を取り上げます。学びを支援する専門家としての保育者・教師に求められる資質や具体的場面での工夫・配慮などについて考えます。したがって、「学びを支援する人びと」とします。

第5章では、子どもたちにどのような力を保障するか、を考えます。保育および教育の内容・方法が定められる基準や、新たな学力観において求められる力、そしてその力を育む保育および教育の内容・方法などを取り上げます。

最後の第6章は、学びにかかわる人間関係の作用について考えます。「教える─学ぶ」の具体的な場で、保育者・教師と子ども、子ども同士、親と子などそれぞれが結ぶ関係のあり方およびその関係が及ぼす影響について、「学びを支える関係性」として考えます。

以上の6つの視点を学ぶことによって、まず教育（保育）という営みを専門

的に考えていく入口に立ってほしいと思います。そして，少しずつで構いませんから，各章のどこかにあなたの学びの切り口（視点，あるいはこだわり）を見つけていってください。

　私たち執筆者は，6つの章の各部分を各自が専門とする領域と関心にもとづいて担当しました。しかし各自が提供する内容には，私たちが共有する願いが底流しています。

　それは，私たちが学びの対象とする"子ども"，"保育および教育の意義・機能"，"学校"などはすべて歴史的産物であるということをしっかりと認識してほしいということです。なぜそのような当然のことをあえて言うのかと，疑問を感じる読者も多いでしょう。歴史的産物ということは，つまり普遍的なものではなく，相対的なものだということです。"子ども"に付与される意味あるいは価値然り，"保育・教育という営為"に付与される機能も然り，したがって"学校"のそれも然りです。それらは，人間とは何ものか，あるいは人間はいかなる倫理のもとで生きるべきか，などという思索を続ける中で，あるいはまた各時代の経済的，社会的，ならびに政治的活動において要請される価値（知識や技術）に対応すべく考案・創造され，その後継続，発展，改革，変容を遂げてきたものです。したがって，いま私たちの前にある"子ども"にしろ，"保育・教育"あるいは"学校"にしろ，それらの価値や機能を"当たり前のこと"，"決められたこと"としてやり過ごすのではなく，いまある価値や機能がどのような要因によって成立しているのかを追究し，批判的に検討してほしいと思います。その要因は一つではありません。複数の要因の中で，たとえばときに「子どもの最善の利益」が，あるいは「国家の利益」が，はたまた「おとなの都合」が優先されることがあります。優先される要因によって成立した価値や機能は，子どもたちや私たちをどういう方向に導くことになるのか，この問いから逃げないでください。

　もう一つ願いがあります。むしろ期待と言ったほうがいいでしょう。近年，保育者・教師，あるいは保育・教育機関に対して，社会の多様な資源の活用や他機関および保護者との連携・協働の必要性が強調されています。それは，冒

頭に述べた子どもや保育および教育にかかわる事象の多様さや複雑さを考えれば，重要なことです。ただ，ここで私たちはあえて言いたいのです。子どもと日々直接向かい合って，彼らの人格形成や学びの支援に最善を尽くす専門職であるのは保育者であり教師です，と。換言すれば，子どもが変わり成長するときを彼らともっとも共有できる者，そして彼らにもっとも影響を与える可能性のある者が，保育者，教師です。子どもが学びや人間関係の築きにおいて，意欲を高め変化を示し，そして成果をおさめるとき，あるいはつまずくとき，保育者・教師はそれを分析する力量，そして分析にもとづいて課題解決の方法を模索し実行する技量，さらに分析・模索・実行のプロセスおよび結果に対して自己省察する力などが，誰よりもまず求められます。このような認識をもって，保育者・教師になるための学びを継続していくことを期待します。

2016年7月

編者を代表して　木山徹哉

目　次

はじめに

第1章　子どもは何のために学ぶか……1
1-1　教育および学校の誕生と歩み……2
　　1　学校教育の機能……2
　　2　教育と学校の誕生……4
　　3　戦前期の日本の学校教育……10
　　4　戦前期の日本の幼児教育……16
　　5　戦後期の日本の学校教育……17
　　6　戦後期の日本の幼児教育……21
　　7　何のために学ぶか……24
1-2　「教える」―「学ぶ」という営みの意味の変化……28
　　1　「教える」―「学ぶ」という営みを考えるにあたって……28
　　2　近代以前――「教える」―「学ぶ」の意味の素朴なイメージと「産婆術」……29
　　3　近世から近代へ――近代教育思想の系譜……31
　　4　近代から現代へ――現代の教育の課題……41
　　5　現代において「教える」―「学ぶ」という営みが持つ意味……44

第2章　子どもを見つめる……49
2-1　子どもの歴史，子どもの現在……50
　　1　「子どもという存在」への問い……50
　　2　「子どもという存在」についての理念型と現実社会
　　　――能動性・主体性アノミー……55
　　3　子どもを見つめる母親……60
　　4　親準備性と子育ての協働……63

2-2　子どもの成長・発達とは……70
1　発達とは何か……70
2　子どもの発達をどうとらえるか……75
3　発達理論から保育・教育への示唆……84

第3章　学びを支援するしくみ……89
3-1　「権利としての学び」ということ……90
1　教育を受ける権利……90
2　普通教育の意味……93
3　学ぶ場における子どもの人権と懲戒……96

3-2　学校教育のしくみ……100
1　教育行政の役割……100
2　学校や保育機関の質の確保……102
3　教育の機会均等のしくみ……104
4　学びの多様性……108
5　教育内容の水準保障……110
6　保育・教育機関の主体性と協働性……115

第4章　学びを支援する人びと……119
4-1　保育する人の資質・能力……120
1　保育者の必要条件としての「子どもが好き」であること……120
2　保育者の専門性……121
3　保育者の専門性を支える資質・姿勢……127
4　求められる保育者の役割と倫理……131

4-2　教育する人の資質・能力……133
1　教職とは……133
2　現在教師に求められている資質・能力……138
3　教師に求められる資質・能力のさらなる理解へ……142
4　つねに問いつづけるべき「教育する人の資質・能力」……147

目次

第5章　子どもは何を学ぶか……151

5-1　乳幼児期の子どもの学びと保育内容……152
1　幼稚園教育要領と保育内容……152
2　保育の基本と保育内容の総合的指導……157
3　保育における評価……162

5-2　学習指導要領と教科書……165
1　子どもの学びの内容を規定する学習指導要領……165
2　学習指導要領の構成および変遷……166
3　学習指導要領の具体である「教科書」と「教材」……168
4　評価の意味と役割，方法……170
5　指導を改善する「指導と評価の一体化」……171
6　子どもは何を学ぶか……172

5-3　子どもにどのような力を保障するか……174
1　子どもに求められる力とは何か……174
2　学力観とその変遷……176
3　わが国の子どもたちの学力の状況……177
4　学習指導要領改訂の方向性……181
5　社会や保護者が期待するアクティブ・ラーニング……183
6　子どもにどのような力を保障するか……184

第6章　学びを支える関係性……187

6-1　乳幼児期の関係性……188
1　子ども・家庭・地域・教育（保育）……188
2　子育てを支える保育の役割——保育者と保護者の関係性……192
3　乳幼児期の人間関係の発達——保育が支える子ども同士の関係性……196
4　社会全体で行う子育て……208

6-2　児童期・思春期の関係性……210
1　「教える—学ぶ」関係の基盤となるもの……210

2　相手の心に寄り添う……215
　　3　児童期〜思春期の子どもの環境との関係のとり方……218
　　4　今後の展望——対人職における「関係性」……222

人名索引
事項索引

第1章
子どもは何のために学ぶか

　「なぜ勉強しなければならないの？」,「なぜ学校に行かなければならないの？」という問いは,こんにち社会に醸成されてきている軽視できない問いです。この問いは,学ぶことの意義への不信,学ぶことを保障する場として確信をもって受容されていたはずの学校という存在と機能に対する疑問です。
　「教える」・「学ぶ」それぞれの意味・目的および両者の関係は,歴史の流れの中で変化しています。その変化をリードしたり,深め広めたりするために,多くの先人が「教える」・「学ぶ」営為について考え,提言をしています。第1章では,これらを辿りながら,こんにちの社会の中で「何のために学ぶか」,「なぜ学校にいくのか」という問いへの回答を考えます。

【キーワード】
学校教育の機能　教育および学校の誕生と歩み　モニトリアル・システム　オーエン　コンドルセ　公教育制度　ルソー　フレーベル　学制　就学率　教育の自由化　ソクラテス　コメニウス　ロック　ペスタロッチ　ヘルバルト　ケイ　デューイ　キー・コンピテンシー

1–1
教育および学校の誕生と歩み

1　学校教育の機能

　みなさんは，小学校入学のころを覚えているでしょうか。多くの人たちはこれから過ごす学校での生活に「新しい何か」がある，と胸を躍らせていた自分のことを思い出すのではありませんか。少なくとも，小学校に通うことが当然であり，それは周りのみんなも同じだと，疑問を感じることはそんなになかったのではないでしょうか。ところが，いつしか学校で学ぶことは，胸躍らせる対象ではなく，「どうして学校に行かなければならないの？」，「なぜ学ばなければならないの？」という疑問に変わってしまいます。ここでは，子どもが何のために学ぶのかという問いに対する答えを求めて，学校教育の誕生から，こんにちまでの経緯を辿り，その過程の中で学校で学ぶことがどのように意味づけられ，受け容れられていったかを考えたいと思います。

　「すべて国民は，法律の定めるところにより，その能力に応じて，ひとしく教育を受ける権利を有する。」(日本国憲法第26条)

　「すべて国民は，法律の定めるところにより，その保護する子女に普通教育を受けさせる義務を負ふ。」(同法第26条の2)

　「国民は，その保護する子に，別に法律で定めるところにより，普通教育を受けさせる義務を負う。」(教育基本法第5条)

　いきなり法律の条文を読まされて，少々後ずさりした方もいたかもしれませんが，私たちすべての国民はこんにち，普通教育としての義務教育を受ける権利をもち，保護者はその子どもに教育を受けさせる義務をもっています。そし

てその権利と義務を全うさせるために，国と地方公共団体の責任を定めています。

「国および地方公共団体は，義務教育の機会を保障し，その水準を確保するため，適切な役割分担及び相互の協力の下，その実施に責任を負う。」（教育基本法第5条の3）

教育を受けること，そして学校への就学が保障されることが私たちにとっていわば当然のこととなるまでには，新しい理念や思想の誕生と，それにともなう旧来の観念の打破と新たな観念の醸成の繰り返し，ならびにそれらに対応する規範や制度の創造など，多くの営みがありました。

子どもが就学する学校，また保護者がその子どもに就学させる義務を負う学校は，どのようにして誕生し，現在に至っているのでしょうか。ちなみに，就学とは，学齢に達した子どもが学校に入学して定められた教育課程のもとで学ぶことです。この就学については，日本の場合，就学義務が定められています。就学義務とは，保護者に対して，子どもに小学校6年間，中学校3年間の学校教育を受けさせる義務を課していることです。

さて，このあとしばらく，学校の誕生と歩みについてまとめてみようと思いますが，その前に少し現在の学校の機能について整理しておきます。学校の機能の一つ目は自己実現，そして二つ目は人材育成，もう一つは国民形成です。自己実現とは，人が生を受けて健康的・文化的生活を送り自らの目標（あるいは夢）を実現することであり，学校はそのために必要な知識・技能を習得させる機能を果たします。また人材育成とは，産業の発展にともなって，各産業がそれぞれ生産等の活動に従事する一定の資質能力をもった労働者（人材）を求めるようになりますが，学校はその人材育成の役割を果たすということです。もう一つの国民形成の機能としての教育は，国民教育と言われます。歴史上国家が形成されてくると，ひとまとまりの国家が維持・発展をしていくために，言語や規範その他の文化や価値の共有によって国民意識の統合がめざされます。その役割を学校が担うのです。

以上の3つの機能は，学校がその誕生の最初から一様に所有していたわけで

はありません。それぞれの時代の経済・社会・文化の状況によって機能が付加されたり，強化されたりしてきたのです。

2　教育と学校の誕生

さて，教育という営みの歴史を辿ることにしましょう。どこから紐解きましょうか。教育という営み，つまり先の世代が次の世代に何らかの文化や価値を伝える営みは人間の歴史の中で繰り返されてきましたが，ここでは18世紀の後半ごろからはじめることにします。なぜ18世紀の後半なのでしょう。その理由はいくつかあります。一つは，教育という営みが学校という組織的形態を採用しはじめたということ，2つ目は，教育を受けることが人びとの権利として主張され，その権利保障としての組織的教育が唱えられたということ，そして3つ目は，教育の対象としての子どものとらえ方，ならびに子ども―おとな関係に大きな変化の兆しが見えはじめたこと，これら3つのことが挙げられます。

(1) 組織的形態としての学校

一つ目の組織的形態とはどういうことでしょう。それまでの教育が主に個に対して営まれたのに対して，一つの空間に複数の学習者を集め，一定の方法および内容で営まれていくということです。組織的形態をとった学校の起源の一つとして一般に言及されるのが，モニトリアル・システムと呼ばれるものです。モニトリアル・システムとは，イギリスの産業革命（18世紀半ば～19世紀前半）の中で，機械工業の生産性を高める大量で良質の人材を確保するため，子どもたちに知識・技能と社会および労働の規範等を効率よく教授する方法として，ベル（Bell, A., 1753-1832）とランカスター（Lancaster, J., 1778-1838）によって考案されたと言われています。

図1.1.1はモニトリアル・システムの解説によく使用されるものですが，図の中で子どもたちの左側に立っている者たちがモニター，中央の教壇の上にいる者はそのモニターを監督するモニターで，各横列のグループに実際に教授す

1-1 教育および学校の誕生と歩み

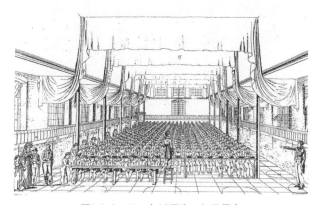

図1.1.1 モニトリアル・システム
(出所) 内外学校協会〈B. F. S. S.〉の1837年版マニュアルより(柳 (2005, p. 35) より転載)

るのは左側のモニターです。このシステムの考案には主として2つの背景が考えられます。一つは，印刷技術（活版印刷）の発達によって文化伝達の効率化が図られたことです。これによってたとえば，コメニウス（Comenius, J. A., 1592-1670）の著作『世界図絵』（世界ではじめての絵入り教科書と位置づけられている）が出版され，一定の情報が多くの人びとに共有されることとなりました。もう一つの背景は，産業革命にともなう都市化です。

図1.1.2の絵を見てください。18～19世紀の西欧都市に集中する人びとのなかに混じる恵まれない子どもたちです。「捨てられた子供たち」と題するこの絵には次のような解説がつけられています。

「ぼろをまとった二人の子どもが大きな館のポーチに仮の宿を求めたのだが，貴族の紋章で飾られたその扉は，無常にも閉ざされたままだ。扉の前で，姉は死にかけた（あるいは死んでしまった）弟に，なんとか生気を取り戻させようとしている。」（ラングミュア，2008, p. 96）

この絵に類する子どもの遺棄，児童労働，劣悪な環境を題材とした絵画は少なくありません。子どもの不遇を絵画に描くことは，子どもに対する特別な理念が生まれた証です。かれらへの慈愛が表現され，福祉，教育の必要性が叫ば

5

第1章 子どもは何のために学ぶか

図1.1.2 「捨てられた子供たち」(Joaquin Pallarés, 1881)
(出所) ラングミュア (2008) より転載

れてきます。このような時代の幕開けの中で，先ほどのモニトリアル・システムは，都市に徘徊する子どもを労働力として養成し，社会秩序の維持のために規範等を教授するという機能を引き受けたことになります。

社会秩序の維持という括りに入らないわけではありませんが，幼児教育あるいは福祉という観点からオーエン (Owen, R., 1771-1858) の業績についてふれておきましょう。彼は産業革命下のイギリス社会において，先ほどの絵画に描かれているような子どもの厳しい現実に，また，乳幼児を抱え労働する母親の存在に目を向け，その解決のために活動しました。児童労働を禁じた工場法成立への貢献や性格形成学院の創設 (1816) および運営はその活動の成果の一つです。彼は，幼児期からの性格形成（教育）の大切さを主張し，子どもに適切な環境を提供することを唱え自らも実践しました。

(2) 権利としての教育

つぎに，教育を受けることが人びとの権利だということについて説明しましょう。この点については，コンドルセ (Condorcet, M. J. A. N. C., 1743-1794) を挙げる必要があるでしょう。フランス革命 (1789) 後間もない時期に彼が革命議会に提出した公教育案 (1792) は，教育を受けることが人権の一つであり，

かつ人権を保障する手立てであるという考え方にもとづいています。彼は公教育案の冒頭で，次のようなことを述べています。

「諸君，人類に属するすべての個人に，自らの要求を満たし，幸福を保証し，権利を認識して行使し，義務を理解して履行する手段を提供すること。各人がその生業を完成し，各人に就く権利のある社会的職務の遂行を可能にし，自然から受け取った才能を完全に開花させ，そのことによって市民間に事実上の平等を確立し，法によって認められた政治的平等を現実のものにする方策を保証すること。これらのことが国民教育の第一目的でなければならない。そしてこの観点からすれば，国民の教育は公権力にとって当然の義務である。」（コンドルセ，2002，p. 11）

上の記述はフランス革命後のフランス社会におけるあるべき教育について述べています。革命前の教育の不平等（支配する階級と隷属する階級の2つの階級間にある差別）を撤廃して，あらゆる人が教育によって自らの才能を開花させ技能を完成して就業することができる，そのような権利を平等に実現しなければならない，と。コンドルセは，「人間は生まれながらにして自由であり，その権利は平等である」というフランス人権宣言を踏まえた公教育制度の設置を提案しました。彼の公教育案には，教育の無償や，知育の重視（「教育の第一条件は真理のみの教授」，宗教教育の排除）なども含まれています。さらには，「如何なる政府といえども，新しい真理の発展を妨害し，政府の特殊な政策や一時的な利益に反する理論を教授することを妨害するような権威をもってはならぬし，かかる信頼さえも持ってはならない」（コンドルセ，2002，p. 15）というように，政治からの自立を明示していることも注目に値します。

（3）子どもの捉え方の変化の兆し

ルソー（Rousseau, J.-J., 1712-1778）にもふれておく必要があるでしょう。イギリスの産業革命期，そしてモニトリアル・システムが考案されるほぼ同時代に，ルソーの著作『エミール』（1762）が出版されました。『エミール』については本書第2章の「子どもをみつめる」でも取り上げていますが，ここでは学

校教育の起源としての18世紀後半の時期に教育や子どもの観方に大きな転換をもたらすことになった点を確認しておきたいと思います。

　価値ある存在として子どもを認め成長，発達を援助すること，こんにち教育をこのように定義することにはさして異論はないでしょう。しかし，『エミール』が出版された18世紀には，子どもを個として「価値ある存在」であるとみなし，かつ子どもの発達可能性を前提に教育していくという意識はまだまだ社会に普遍的なものとして広がってはいませんでした。

　「人は子どもというものを知らない。…（中略）…かれらは子どものうちにおとなをもとめ，おとなになるまえに子どもがどういうものであるかを考えない。」（ルソー，2015, pp. 22-23）

　「子どもを愛するがいい。子どもの遊びを，楽しみを，その好ましい本能を，好意をもって見まもるのだ。…（中略）…子どもたちにとっても二度とない時代，すぐに終わってしまうあの最初の時代を，なぜ，にがく苦しいことでいっぱいにしようとするのか。」（ルソー，2015, p. 131）

　「自然は子どもがおとなになるまえに子どもであることを望んでいる。この順序をひっくりかえそうとすると，成熟してもいない，味わいもない，そしてすぐに腐ってしまう速成の果実を結ばせることになる。」（ルソー，2015, p. 162）

　以上のようなルソーの子どものとらえ方，それにもとづいた教育の考え方は，『エミール』の中で，架空の子どもエミールを登場させ，その誕生から結婚までのあいだエミールを教え導く教師に自らを投影して展開されています。

　ルソーはフレーベル（Fröbel, F. W. A., 1782-1852）らに影響を与えることになります。フレーベルの教育実践は，1817年にカイルハウ（Keilhau）に一般ドイツ教育舎を設立することからはじまります。当初は幼児教育をとくに企図したものではなく，数学などの学習のいっぽうで自然の中で農作物を耕す生産活動をするというような実践でした。この実践の中で培われた彼の教育は『人間の教育』（1826）に著され，やがて1840年，彼は幼稚園（Kindergarten，子どもの庭）を設立します。フレーベルの幼稚園の基本原理は，「子どもの庭」と

いう名称に示されていますが，そこに含意されているものは，一つは，カイルハウ以来実践してきた子どもの生産活動（遊びと作業の融合）の有意味性の認識であり，いま一つは，幼稚園は「学校」ではなく子どもたちが自由に発達する場所だという考え方です。フレーベルの創始した幼稚園およびその理論は，彼以降，イギリス，フランス，アメリカ，そして日本へと波及していきます。日本において明治初期（1870年代）に導入される幼稚園教育は，このフレーベル思想を中心軸に展開されますが，それについては後述します。

　これまで，ベルおよびランカスターによるモニトリアル・システムや，コメニウス，コンドルセ，ルソー，フレーベルの業績について取り上げてきました。教育や学校の歴史上，彼らの啓蒙的役割や実際に創造したものはたいへん大きな意義をもっています。しかし，わたしたちはいっぽうで彼らの啓蒙や実践が社会に受容されてはじめて，実体としての教育や学校がわたしたちの日常に位置づくものとなることを理解しなければなりません。つまり，彼らの啓蒙や実践が簡単に受容されたわけではないことや，受容する素地が徐々に醸成されていく過程があったことを忘れてはならないということです。逆説的に言いますと，ルソーらの啓蒙や実践が展開された18世紀後半から19世紀にかけては，先に述べたように，子どもたちの労働の厳しさや生活の貧しさなど社会における彼らの不幸な処遇が絵画の中にも少なからず描かれています。そのような現実の中で，たとえばオーエンが児童労働を禁止し労働者のための教育を唱え実践しようとしたとき，とりわけ雇用主の多くは彼を批判する側にまわりました。労働者には高い教育など必要ない，と。また，ルソーが"子どもの発見"の書を著したころ，社会には捨てられた子どもたちが多くいました。当時の孤児院を題材にした絵画も多くあります。ルソー自身も自らの子どもを孤児院に送ったと言われています。さらに，『エミール』は高等法院から禁書とされました。教育の思想や実践は，このような現実をひきずりながら，そして現実と格闘しながらこんにちあるということです。

第1章　子どもは何のために学ぶか

3　戦前期の日本の学校教育

（1）近代学校制度のはじまり

　さてつぎに，日本における学校の歩みを辿ることにしましょう。ここでは日本の明治時代からはじめます。日本の近代学校の嚆矢となるのは，一般に学制発布の時期とされています。1872（明治5）年です。表1.1.1は，学制序文として発せられた「学事奨励に関する被仰出書（おおせいだされしょ）」の一部ですが，この被仰出書の冒頭では，人間は自分の才能のあるところに応じて学問に勉励従事してはじめて自分の生活の糧を得て，資産をつくり，事業をさかんにすることができるとし，そのために国家は学校を設置したと述べています。それをうけて以下の引用箇所に繋がっています。現代語訳を付けていますので意味は理解できるでしょう。

表1.1.1　「学事奨励に関する被仰出書」の一部

> 自今以後一般ノ人民必ス邑ニ不學ノ戸ナク家ニ不學ノ人ナカラシメン事ヲ期ス　人ノ父兄タル者宜シク此意ヲ體認シ其愛育ノ情ヲ厚クシ其子弟ヲシテ必ス學ニ從事セシメサルヘカラサルモノナリ（下線は引用者）
> 〈現代語訳〉
> 　今後，一般の人民においては，必ず村に学ばない家が一軒もなく，家には学ばない人が一人もいないようにするべきである。人の父兄たる者は，よくこの趣旨を十分認識し，その子女を慈しみ育てる情を厚くし，その子女を必ず学校に通わせるようにしなければならないのである。

　つまり，上記引用文の下線部分は「国民皆学」の意味であり，これをもって日本は近代学校制度を導入し，国民教育へと舵を切っていきます。

　幼児教育および保育は，学制よりはじまる初等教育以上の学校教育の歩みからは少し遅れます。前項でフレーベル幼稚園の諸外国への拡がりについてふれましたが，明治初期の日本社会では，幼稚園（幼児教育）の必要性や意義がまだまだ認識されていませんでした。ただ，1876年文部省（当時）主導でアメリカにおけるフレーベル主義幼稚園を手本にして，官立の東京女子師範学校附属幼稚園が設立されたことは記しておきましょう。のちの幼児教育および保育の

1-1 教育および学校の誕生と歩み

図1.1.3　開智学校
（出所）https://commons.wikimedia.org/wiki/
File:Former_Kaichi_School03_1024.jpg
（2016年8月3日閲覧）

展開についてはまた後述しますが，このあとしばらく初等教育を中心として日本の教育の歩みを辿ることにしましょう。

　ここで一枚の写真を見てみましょう。図1.1.3は，長野県松本市にある開智学校の校舎です。現存の校舎は1876（明治9）年に建設されたものです。建設費の多くを当時の松本町住民の寄附によって賄ったと言われる開智学校は，さきほど述べた被仰出書の中の「其身ヲ脩メ智ヲ開キ才藝ヲ長スルハ學ニアラサレハ能ハス是レ學校ノ設アル所以」（下線は引用者）に由来すると言われていますが，正面玄関の柱や壁に施された天使や龍の彫刻から当時の人びとの学校に対する期待のありようが推察されます。ただし，小学校の開設にあたっては，開智学校のような校舎が全国各地に一斉に整えられたわけではなく，江戸時代の寺子屋の施設や寺跡を利用するかたちで開設された小学校も少なからず存在

しました。

（2）近代学校の歩み

　このようにはじまった近代学校がこんにちまで歩んできた約150年間の歩みを7つの時期に区分して辿ってみます。また，7つの時期を1945（昭和20）年を境として戦前期の4つの時期と戦後期の3つの時期に分けましょう。

　まず戦前期の4つの時期区分を示せば，次のようになります。第一期は，学制発布（1872）の時期からおおむね1890年代ごろまでとします。この時期は，先ほどの開智学校など日本各地に学校が創設され，子どもたちが学校へ通いはじめたころです。したがって日本における学校草創期と呼ぶことにしましょう。第二期は，19世紀末から1910年代ごろまでの間です。小学校には多くの子どもたちが通うようになりました。この時期を学校の受容・普及期と呼ぶことにします。第三期は，1920年代ごろまでを指します。大正時代，子どものための文化が創造され，教育にも諸外国の新たな思想が多く注入されることになります。新教育の展開期としておきましょう。第四期は，戦時期です。1920年代から満州事変（1931），日中戦争（1937），太平洋戦争（1941）に連なる戦時へと突入していった時期ですが，学校教育もこの戦時下にさまざまな統制機能やプロパガンダの役割を果たさざるを得なくなりました。

（3）学校の草創期，受容・普及期

　草創期，受容・普及期については，就学率等の数値を用いてこれらの時期の特徴を捉えたいと思います。図1.1.4は，学制発布以降の就学率を示したものです。この図からは，学制発布後のしばらくは就学率が低迷していること，20世紀に入るころから就学率が向上していること，などが容易に読み取れるでしょう。学制発布からの30年余りの間は，中途で退学する者や，入学後欠席が多い者（あるいは学籍のみある者）など，ウェステージ（wastage，教育浪費）という状況がありました。（なお，図の中の「実質就学率」は，就学率×出席率により算出されたものです。）これは，学校教育を供給する側と受容する側との間

1-1 教育および学校の誕生と歩み

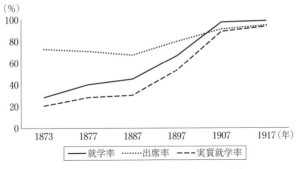

図1.1.4　小学校就学率（1873年-1917年）
（出所）　天野（1997）より作成

に齟齬があった時期と解することができます。換言すれば，草創期には人びとが学校教育をそれほど受け容れていなかったということです。それが20世紀に入るころになって就学率が向上していきます。中途退学が解消されるにはまだ少し時間が必要でしたが，学校教育（この時期にはまだ初等教育段階）に対する人びとの受容がはじまったと言えます。では，この受容の契機あるいは要因は何に求めることができるでしょうか。まず挙げられるのは，さきに述べた学校の機能が人びとに徐々に認識されたことです。つまり，人材養成としての学校の機能に対する認識，換言すれば就学と就職との接合です。

　入学式，卒業式，運動会，遠足，校歌，保護者会などの学校行事等の導入，あるいは生活共同体としての学級の誕生と定着，これらも学校の受容の要因となりました。卒業式を例にとると，日本の小学校で卒業式を実施するようになるのは1880年代といわれますが，1890年代になって入学が４月に統一されるのにともなって３月下旬に卒業式が行われるようになり，やがてこんにちある学年暦が定着するようになります。20世紀後半までの世代では「仰げば尊しわが師の恩……」（「仰げば尊し」），あるいは「暮れなずむ街の光と影のなか……」（海援隊「贈る言葉」），21世紀に入ると「さらば友よ，またこの場所で会おう，さくら舞い散る道の上で」（森山直太朗「さくら」），「君と春に誓いしこの夢を強く胸に抱いて　さくら舞い散る」（いきものがかり「SAKURA」）など，さく

らの情景や別れ，旅立ちあるいは希望，未来という言葉を重ね合わせた卒業式という学校文化が私たちの心性となっていきました。そのほかの学校行事についても，それぞれ導入の経緯に違いはありますが，卒業式と同じように一つひとつが季節や行事のシンボル（服装，式次第，言葉など）とともに私たちの心性に学校文化を刻んできたということです。

「学級」も私たちの心性に学校文化を沁みこませる作用を果たしました。いわゆる学級担任制が採用され，学級という単位が授業の単位とともに学校生活の単位として機能しはじめたのは，「学級編制等ニ関スル規則」（1891）の施行からとされています。それまでは小学校は等級制という制度で日々の授業が展開されていました。等級制とは，進級試験に合格した児童たちを一つの集団に組織して授業単位とするもので，その組織には異年齢の子どもたちが混在する場合も多かったのです。しかし，「学級編制等ニ関スル規則」によって日本の小学校は等級制から学年（学級）制へ転換され，同年齢で多様な一団の児童たちを一人の教師が指導していくことになりました。学習集団ならびに生活集団としての学級が，さきほどの学校行事等に参加する基本単位となり，学級の中の一員として各人が学校文化を共有していくことになりました。

以上のように，学校という制度が受容される過程は，国家の啓蒙的施策や学歴と職業の接続などによるものであるとともに，学校文化が浸透していく過程であったことも理解してください。

（4）新教育の展開期

つぎに展開期です。この時期の特徴の一つは，19世紀末から20世紀初頭にかけて欧米でさかんになった新教育（New Education）の影響をうけて，大正自由教育（新教育）が展開されたことです。

欧米の新教育を担ったものとして，アメリカではデューイ（Dewey, J., 1859-1952）の思想および実践が挙げられます。子ども自身が生活の中に問題を発見し解決していく実践活動を通して，科学的知識と問題解決能力を習得していく学習方法を，実践をもって提唱しました。またドイツでは，さきほどふれた

フレーベルが幼児教育において新教育を担いました。

　日本では，大正期から昭和初期にかけて，私立学校および公立学校を舞台に，教師による注入主義的な教育を見直し子どもの関心や興味を尊重する教育活動が展開されました。澤柳政太郎（成城小学校），野口援太郎（池袋児童の村小学校），羽仁もと子（自由学園）らが新教育の理論および実践をリードした人びととして知られています。公立学校では，手塚岸衛（千葉師範附属小学校）や木下竹次（奈良女子師範附属小学校）などが知られています。

　しかしこの新教育は，そのほかの大勢の学校および教育関係者に拡大・浸透していったわけではなく，戦間期に，限られた階層と学校において，一つの時代的風潮となったというべきかもしれません。ただ，欧米および日本の新教育として展開された理論と実践は，こんにちにいたるまでさまざまな機会をとらえて評価され，受け継がれてきています。

（5）戦時期の教育

　続いて，戦前期の最後として戦時下の教育について説明しましょう。大正期の自由主義的な風潮の中で展開された新教育も，やがて日本の政治的・経済的情勢の変化の中で，変質を余儀なくされていきます。1920年代後半から戦争への足音がだんだんと大きくなり，満州事変（1931），日中戦争（1937），太平洋戦争（1941）へと進んでいきます。初等教育学校は1941年に「国民学校」という名称に統一され「教育勅語」にもとづいた皇国民の育成がいっそう重視されるようになり，教育内容（教科書など）においても思想統制の影響が色濃く出てくるようになります。

　なお，明治期および大正期においても，いわゆる「軍国美談」が教科書に採用されるケースはありました。たとえば，「水平の母」や「一太郎やあい」などです。前者は，軍艦に乗船している水兵に母が便りをよこして「一命を捨てて君恩（天皇の恩）に報いよ」と激励するもの，後者は，港を出船しようとする軍用船を見送りにきた母が，息子に「天子様（天皇）によくご奉公するだよ」と伝えるものです（中内，1988）。昭和期のものとしては，「爆弾三勇士」

が有名です。これは，上海事変で敵の鉄条網を突破するために3名の兵士が爆弾を抱えて突入し爆死したもので，やはり国語教科書に採用され，唱歌教材にも使用されました。このような軍国美談が教科書を通じて学校教育の日常に浸透し，国家主義や戦意の高揚に作用したことは否定できません。いわば，学校教育が「教化」（indoctrination）あるいは「プロパガンダ」（propaganda）の機能を担ったということです。

4　戦前期の日本の幼児教育

　これまで戦前期の小学校教育をみてきましたが，この間幼児教育の歩みはどうだったのでしょう。
　日本で最初の官立の幼稚園が東京女子師範学校附属幼稚園として開設されたことは少し前に取り上げました。日本における明治初期の幼児教育は，ひとことで言うならば，欧米の幼稚園の移植という段階でした。それが20世紀に入るころからその必要性が議論されはじめ，文部省は「幼稚園保育及設備規程」（1899）を日本で最初の単行法令として制定しました。また，フレーベル会や京阪神連合保育会が保育研究等を目的とする団体として発足し，それぞれ『婦人と子ども』（1901年創刊），『京阪神連合保育会雑誌』（1898年創刊）を刊行するようになりました。
　表1.1.2は，戦前期の5歳児の幼稚園就園率を示しています。現在に比べればまだまだ低いですが，少しずつ就園率をのばしていることが確認できるでしょう。この数値の背景には，上記の文部省の法整備や，フレーベル会および京阪神連合保育会の啓蒙・実践活動があります。また，それらを受け容れる新しい家族の存在もあります。新しい家族は，児童期に接続する乳幼児期の発達への認識とそれを促す教育的働きかけに対する期待をもっていました。さらに，子どものための玩具や読み物など児童文化の創造と普及も，乳幼児期を含む子ども期に対しておとなが積極的に関与することと相乗的な関係にありました。鈴木三重吉によって創刊された雑誌『赤い鳥』（1918年創刊）はその象徴的存

表1.1.2 戦前期幼稚園就園率（5歳児）

年	就園率（%）
1896（明治29）	0.9
1906（明治39）	1.4
1916（大正5）	2.4
1921（大正10）	3.0
1926（大正15）	6.0
1931（昭和6）	5.4
1936（昭和11）	6.6
1941（昭和16）	10.0
1946（昭和21）	7.5

（出所）　文部省（1977）

在でした。この雑誌に掲載された作品には，「蜘蛛の糸」，「杜子春」（いずれも芥川龍之介），「赤い鳥小鳥」（北原白秋）などこんにちにまで語り継がれている読み物や童謡などが数多くあります。

5　戦後期の日本の学校教育

　つぎに戦後期です。戦後期の第一（通算で第五）期は敗戦（1945）から1950年代前半までの戦後復興期にあたります。青空教室や二部授業（あるいは三部授業）に象徴されるように，戦争によって校舎や教室も足りず，教師も児童生徒も自らの生活を維持することに汲々とするものも多くいる中で，新たな理念のもとに学校が教育活動をはじめた時期です。第二（通算で第六）期は高度経済成長期（1950年代後半から1970年代）です。『ALLWAYS 三丁目の夕日』という映画を鑑賞した読者も少なくないと思いますが，東京タワーや新幹線，その他社会のインフラを整備し経済発展を遂げていくこの時期に，学校教育も量的な拡大と多様な展開を遂げていきます。そして第三（通算で第七）期。1980年代以降学校教育に対する信頼が動揺してくることになります。この動揺にいかに対応するか，この課題に応えるべく模索しているのが21世紀をむかえたこんにちの状況であろうと考えます。

第1章　子どもは何のために学ぶか

（1）戦後復興期の教育

　さて，戦後期の第一期ですが，敗戦後の日本の学校教育は新しい教育理念のもとにはじまりました。その理念は，日本国憲法（1946），教育基本法（1947），学校教育法（同前），児童福祉法（同前）などの法令や，6・3・3制などの学校教育制度に表現されました。

　戦後日本の新たな教育のはじまりについては，アメリカ教育使節団（以下，「使節団」と略称）にふれておくべきでしょう。使節団は，1946年にGHQ（連合軍司令部）の要請により日本に派遣され，日本の教育に関する調査研究をおこない，戦前の軍国主義的・国家主義的な教育の払拭と日本における民主主義的教育のあり方について勧告しました。調査研究ならびに勧告の内容はアメリカ教育使節団報告書としてまとめられていますが，日本の教育がその後歩んだ道は，この報告書に示された方向性に沿うものでした。その内容は，初等教育から高等教育に及ぶもので，かつ教育基本法，6・3制，教育委員会，男女共学など教育制度，教育行政，内容・方法など教育のあらゆる領域にわたって記されています。戦後の日本の教育にとって，この使節団（報告書）の影響は多大なものであったと言えるでしょう。

　日本国憲法では，「民主的で文化的な国家を建設して，世界の平和と人類の福祉に貢献しようとする決意」を示し，教育に関する直接的表現としては「すべての国民が教育を受ける権利」（第26条）を定めています。教育基本法（1947，旧法）では，憲法の「決意」をうけて，「個人の尊厳を重んじ，真理と平和を希求する人間の育成」と「普遍的にしてしかも個性ゆたかな文化の創造」をめざす教育の普及を明示して，教育の機会均等や義務教育などを定めています。

（2）学校教育の拡大・発展

　第二期は，ひとことで言うならば学校教育の拡大・発展期という言葉が妥当でしょう。敗戦直後の混乱の中で開始された日本社会の復興が進められ，やがて高度経済成長へと向かう時期です。

一つには教育の平等性をめざした側面をもっています。もう一つは経済発展に密接に対応する学校教育という側面をもっています。教育の平等性は，教育機会の平等をいっそう実質的に保障する教育方法や教育内容の平等性ということも含まれています。それは，一定の財政的措置のもとに行われる，全国の学校の施設設備や教職員の均衡的配備（配置）であり，教育課程の均質化およびそれに付随する方法的標準化のことです。一定の財政的措置というのは，具体的には義務教育費国庫負担制度のことであり，教職員等の均衡的配置とは義務教育学校標準法を指しています。また，教育課程の均質化および方法的標準化は，学習指導要領の法的拘束力の強化と標準授業時数の明確化などとして進められていきます。

経済発展に密接に対応する学校教育という側面はどうでしょう。さきにもふれたように，この時期は高度経済成長期に当たります。学校教育には主に３つの機能があると述べましたが，その一つは人材養成でした。高度経済成長を推進する国家や産業界にとって，優秀な科学技術の創造とそれを操れる優秀な人材を確保するために，国民全体の教育水準を上げることが急務となりました。学校教育の人材養成機能に対する大いなる期待の時代到来とでも言えるでしょうか。義務教育諸学校の整備だけでなく，後期中等教育，高等教育，幼児教育など各類各種の学校が設置されていきます。高等学校および大学（短大を含む）への進学率も大いに伸びていきます。

高度成長期の社会では，本人が学ぶ意思があれば，学ぶ場所も学ぶ内容・方法も平等に用意され，学んだ結果，上級の学校への進学，そして就職という道筋が見えやすくなったと言えるかもしれません。しかし，この教育と職業の関係性，ならびに学ぶ意味（本章の主題である「子どもは何のために学ぶか」）については，もう少し客観的な観方が必要でしょう。図1.1.5は，本田（2009）が「戦後日本型循環モデル」といっている内容をごく簡単に図式化し，「戦後日本型教育―就業循環モデル」としたものです。このモデルでは，上級学校で（あるいは，良質の学校で）学ぶことが意味をもち，それが優良な職場に就くことにつながる，つまり，学歴あるいは学校歴社会が存在します。そして，人

第1章 子どもは何のために学ぶか

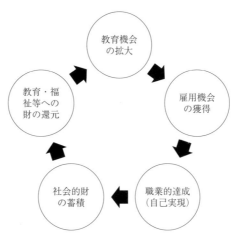

図1.1.5 戦後日本型教育―就業循環モデル
(出所) 本田(2009)をもとに作成

びとが働いた結果生みだされる財が福祉や教育を含めたさまざまな社会領域に還元され，学校教育への期待となって学校の量的・質的拡大・充実へとつながるということです。一見，学校教育と職業とが直線的に接続するかのように思えますが，しかし，この循環の中では，本来の教育と職業との関係性，ならびに学ぶ意味が「希薄化」する状況が生じてしまうのです（本田，2009）。わたしたちは，何のために働くのか，どのような価値をかけがえのない大切なものとして守り続けていくのか，そのために何をどのように学ぶべきか，このような問いがいつしか遠くに追いやられてしまいます。

　高度経済成長とともに日本の学校教育が拡大され，かつ平等，公平を志向して（どれだけ実現されたかについての評価は分かれますが）展開してきた点について述べてきました。しかし，やがてさきほどの「日本型循環モデル」は崩れていきます。学校教育を順調に修了しても必ずしも正規社員として就職できない，非正規雇用が珍しくない，つまり，教育と職業の接続関係がいままでのようにつながらなくなるという状況が生じてきます。こうした状況を生じさせる原因を学校教育の内容・方法に求める言説が出てくるようになります。また，学校不適応や「子どもの問題行動」が顕在化するようになり，それへの対応に

苦慮する学校に対して不信が表明されてきます。このような中で，教育改革，学校改革が叫ばれてきます。

（3）「教育の自由化」

最後に，1980年代以降こんにちに至るまでの第三期です。30余年におよぶこの時期を一つに括ることは少々乱暴に思われるかもしれません。事実，「ゆとり」教育，学校週5日制，「生きる力」，学力低下批判，PISAショック，「新学力観」などさまざまな言説や政策提言がありました。ただ，この第三期の特徴の一つとして，「教育の自由化」が進められたということは言ってもいいでしょう。日本が戦後を通じて造り上げてきた教育の公共性，平等性に対して，「個性の重視」，「教育の多様性」，「選択機会の拡大」など別のベクトルが提示されることになります。このベクトルが動きはじめる契機となったのは臨時教育審議会（臨教審）です。当時の中曽根康弘首相の主導により1984年に設置されたもので，「戦後教育の総決算」を謳い，戦後整備してきた公教育の枠組み（規制）を見直す方向が打ち出されていきます。さらに2013年には，「21世紀の日本にふさわしい教育体制を構築」することをめざして，教育再生実行会議が開催され，さまざまな提言をおこなっています。

6　戦後期の日本の幼児教育

戦後の幼児教育は，学校教育法（1947）並びに児童福祉法（1947）の公布によって新たなスタートを切りました。幼稚園は学校教育法において「学校」（一条校）として，また保育所は児童福祉法において児童福祉施設として位置づけられます。幼稚園は，3歳から小学校就学の始期に達するまでの幼児を対象とし，仲間との集団生活を通じた多くの貴重な経験を保障するとともに，幼児それぞれの発達課題の達成を促す積極的役割を担うようになりました。また，保育所は，児童が「心身ともに健やかに生まれ，且つ，育成され」，「ひとしくその生活を保障され，愛護される」（児童福祉法）ことをめざして，「保育に欠

第1章　子どもは何のために学ぶか

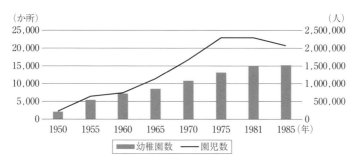

図1.1.6　幼稚園数および就園児数の推移
（出所）　森上（2016）より作成

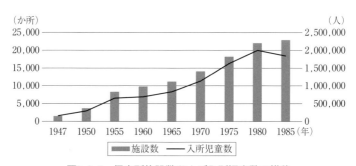

図1.1.7　保育所施設数および入所児童数の推移
（出所）　森上（2016）より作成

ける」乳幼児を対象とし保育する，これも積極的な役割を担うようになりました。

　図1.1.6と図1.1.7はそれぞれ，戦後のスタートから1980年代半ばまでの幼稚園数および園児数の推移と，保育所の施設数および入所児童数の推移を表していますが，いずれも順調に数を増やしていることがわかります。ただ幼稚園の場合は，私立幼稚園に依存する傾向が見られましたが，ともあれ5歳児で幼稚園に就園もしくは保育所に在籍している子どもは，全国平均で97％以上です（2015年現在）。

　戦後こんにちまでの間，日本は高度経済成長やその後のいわゆるバブルならびにバブル崩壊など経済状況の変化や，核家族あるいは少子家族といわれるよ

うな家族の変容，また女性の高学歴化や社会進出などライフサイクルの変化，などを経験します。その中で保育もそれぞれの需要（ニーズ）に対応していくことになります。たとえば，高度経済成長は，共働き家庭の乳幼児の保育需要を増大させ，保育所開設を促していきました。また女性の社会進出は，入所時間や退所時間の柔軟化（幼稚園の預かり保育も含めて）や，一時保育や病時保育の実施など多様な保育の実施を促していきました。

さらに，上記の社会変化は複合的に作用して子どもの成育環境の変容を生じさせ，彼らの成長発達に少なからぬ負の影響を与えるようになりました。その影響については，子どもの体力・運動能力の低下や基本的生活習慣の未習得，人間関係能力やコミュニケーション能力の弱さなどさまざまに指摘されています。このような子どもの成長発達の現状に対する指摘を踏まえ，中央教育審議会（中教審）は「子どもを取り巻く環境の変化を踏まえた今後の幼児教育の在り方について」（2005）を答申しましたが，この答申はまさに以後の幼児教育の基本的方向性を示すことになりました。

答申は，「幼児教育の意義と役割」をあらためて次のように確認しています。

「幼児教育は，次代を担う子どもたちが人間として心豊かにたくましく生きる力を身に付けられるよう，生涯にわたる人間形成の基礎を培う普遍的かつ重要な役割を担っている。」（傍点は引用者）

このような意義と役割を果たすために，答申は今後の幼児教育のあり方について2つの方向性を提言しています。一つは，家庭・地域社会・幼稚園等施設の三者による総合的な幼児教育の推進であり，もう一つは，幼児の生活の連続性及び発達や学びの連続性を踏まえた幼児教育の充実です。前者では，家庭や地域社会における教育力を補完する役割と，家庭や地域社会が自らその教育力を再生，向上していくことを支援する役割が，幼稚園等に求められています。また後者では，幼児教育と小学校教育の接続強化の必要性が示されています。

7 何のために学ぶか

　本節のおわりに,「何のために学ぶか」について答えておかなければなりません。
　私たちは, 日本国憲法において生存権（健康で文化的な最低限度の生活を営む権利）が保障されています。この権利は, コンドルセ, ルソーらの唱えた教育の原理——つまり「人間になるための教育」と密接に関連します。私たちは, この教育の原理を人類の歴史の中で勝ち取ってきたのです。
　フランス革命期までの西欧では, 一般民衆は指導される対象であって教育を受ける存在ではない, という認識が知識人の多くに共有されていました。一般民衆は各自の職業に必要な知識を徒弟制度のもとで労働しながら身につけていけばいいのであって, 3R's（reading, writing, arithmetic, 読み, 書き, 計算のこと）以外の教育は必要ないということです。つまり, 教育を受けられる者は限られた一部の階層や職業に就く人たちでしたし, 教育内容も階層, 職種などにそれぞれ対応して教授されるというものでした。コンドルセやルソーらがこのような考え方に対置させたのが,「人間になるための教育」です。
　コンドルセは,「人間になるための教育」について次のように述べています。
　「教育は普遍的でなければならない。つまり, すべての市民に広められなければならない。…（中略）…教育はそのさまざまな段階をつうじて人間の知識の全体系を包括し, どんな年齢の人にも彼らの知識を保持し新しい知識を獲得する便宜を保証しなければならない。」（コンドルセ, 2002, p. 15）
　ルソーの言葉も再度引用しましょう。
　「自然の秩序のもとでは, 人間はみな平等であって, その共通の天職は人間であることだ。そのために教育された人は, 人間に関係のあることならできないはずはない。…（中略）…両親の身分にふさわしいことをするまえに, 人間としての生活をするように自然は命じている。」（ルソー, 2015, p. 38）
　何のために学ぶのか, その一つ目の答えは, わたしたちは人間になるために

学ぶ、ということです。人間としての生活をする（健康で文化的な最低限度の生活を営む）権利を維持・実行するために学ぶのです。

　2つ目は、一つめと密接にかかわることですが、幸福追求のためです。わたしたちは、「人間としての生活をする」ことに加えて、少しずつでも心豊かに、幸せに人生を送りたいと思います。人間はそれぞれ価値観が異なりますから、「心豊かに」、「幸せに」などに対する思いは違ってきますが、その中で少なくとも、それぞれの「幸福」を実現するために必要な情報が提供されること、つまり学ぶことが必要です。

　3つ目は、なぜ学校で学ばなければならないか、という問いへの答えです。わたしたちが学ぶ知識や技術（あるいは文化）は、多くの先人たちの試行錯誤の成果であり、それぞれの時代に検証され練られて次世代へ発展的に受け継がれる遺産です。したがって、知識や技術は個人に占有されるものではなく、共有されてこそ生きるものです。逆に占有されれば、換言すると、知識や技術に対する多様な観方やアプローチを失えば、知識や技術そのものが偏り、客観性や普遍性を損なうものになります。学ぶ者たちが集う学校は、知識や技術を共有する場、あるいは多様な観方やアプローチを表現し認め合う場という役割を果たすべきだと思います。

　しかし、学校での学びにおいて人材育成や国民形成がことさら強調されれば、自己実現のほうが軽んじられる状況が生じる可能性があります。つまり、企業がどのような人材を必要とするか、国家がどのような規範を求めるか、これらに適合する自己を造り上げることが優先され、いっぽうで、自分自身がどうありたいのか、そのためにどのような学びが必要なのか、という問いかけやそこから導き出された考え方や実践が制限されることになります。そうなれば、多様な観方やアプローチも許容されず、学ぶ知識や技術が偏り、学ぶ意味が動揺することになります。

第1章　子どもは何のために学ぶか

 〈もっと詳しく知りたい人のための文献紹介〉

木村元『学校の戦後史』岩波新書，2015年。
⇨「戦後史」と題する本書は，たしかに戦後70年の学校の歴史を主たる内容としていますが，「日本の学校」の成立から説き起こし，日本の学校が人びとに受容されたり，逆に異議を申し立てられたりした歴史がよく理解できる書です。本書の特徴は，日本の学校の展開を，「時々の学校や子どもの姿がリアリティをもって浮かびあがるように」，70年の学校の歴史にそれぞれにかかわった読者が，各自の学校の経験を振り返ることができるように工夫され，整理されている点です。

柳治男『〈学級〉の歴史学──自明視された空間を疑う』講談社選書メチエ，2005年。
⇨「学級は子どもにふさわしい場」，あるいは「子どもは学級になじむはず」という考えを自明のこととしないで，「学級」というシステムが学校に導入された経緯を辿り，「学級」が子どもたちにどのように作用してきたかを明らかにしています。「学級」だけでなく学校に関するさまざまな事象が自明視されるものではなく，学校の歴史過程の中でさまざまな意図や事情のもとに作られたものであり，したがって時代が移れば限界も表面化するのです。このような本書と多くの接点をもつ類書として，有本真紀『卒業式の歴史学』（講談社選書メチエ，2013年），苅谷剛彦『学校って何だろう──教育社会学入門』（ちくま文庫，2015年）などがあります。

〈文　献〉

天野知恵子『子どもと学校の世紀──18世紀フランスの社会文化史』岩波書店，2007年。
天野郁夫『教育と近代化──日本の経験』玉川大学出版部，1997年。
有本真紀『卒業式の歴史学』講談社選書メチエ，2013年。
コンドルセ，J-A-N-C. ほか（著）阪上孝（編訳）『フランス革命期の公教育論』岩波文庫，2002年。
本田由紀『教育の職業的意義──若者，学校，社会をつなぐ』ちくま新書，2009年。
苅谷剛彦『教育と平等』中公新書，2009年。
木村元『学校の戦後史』岩波新書，2015年。
木村元（編著）『日本の学校受容──教育制度の社会史』勁草書房，2012年。

Langmuir, E., *Imagining Childhood.* ラングミュア，E.（著）高橋裕子（訳）『「子ども」の図像学』東洋書林，2008年．

文部省『幼稚園百年のあゆみ』文部省，1977年．

森上史朗（監修）『最新保育資料集2016』ミネルヴァ書房，2016年．

村井実『アメリカ教育使節団報告書　全訳解説』講談社学術文庫，1999年．

中内敏夫『軍国美談と教科書』岩波新書，1988年．

太田素子・浅井幸子『保育と家庭教育の誕生1890-1930』藤原書店，2012年．

ルソー，J. J.（著）今野一雄（訳）『エミール（上）』岩波文庫，2015年．

Schorsch, A., *Images of Childhood : An Illustrated Social History.* ショルシュ，A.（著）北本正章（訳）『絵でよむ子どもの社会史——ヨーロッパとアメリカ・中世から近代へ』新曜社，1992年．

柳治男『〈学級〉の歴史学——自明視された空間を疑う』講談社選書メチエ，2005年．

1−2
「教える」─「学ぶ」という営みの意味の変化

1　「教える」─「学ぶ」という営みを考えるにあたって

　本節では「教える」─「学ぶ」という人間の営みが教育思想の中でどのように意味づけられ，現在に至っているのか，とくに欧米の近代教育思想の議論に焦点を絞って「教える」─「学ぶ」の意味の変化を辿っていきたいと思います。なぜ欧米の近代教育思想に焦点を絞るのかというと，現在の私たちの学校教育を中心とする教育観が主に欧米の近代教育思想にもとづいて生まれてきた，という事情によります。

　その際注意すべき点がいくつかあります。その一つは「教える」,「学ぶ」という言葉は日常の中でさまざまに使われ，その意味はひじょうに広範な裾野を持っている，という点です。たんなる知識・情報を「教える」,「学ぶ」という場合もあれば，人の生きる道を「教える」,「学ぶ」というような道徳的意味を含んで使われる場合もあります。これらすべての「教える」─「学ぶ」の意味の歴史上の変化を網羅することは不可能です。そこで，本節では子どもの全人格的な発達（人格形成）を意図して大人が行う「教える」という行為と，それに対応した子どもの「学ぶ」という行為の意味の変化に焦点を絞りたいと思います。

　その上で，もう一点注意すべきことがあります。それは私たちが普段「教える」─「学ぶ」という関係を直線的で単純な関係ととらえがちな点についてです。それは教える者が意図した内容をあたかも学ぶ者の頭の中にインプットするかのようなイメージです。しかし，たとえば「反面教師」という言葉に代表

されるように，学ぶ者が教える者の意図とはまったく異なる仕方で，まったく違う内容を「学ぶ」こともあれば，「背中を見て学ぶ」というように，教える意図のない者から「学ぶ」こともあります。素朴なイメージにおいては，私たちは教える者を情報の伝達主体ととらえ，学ぶ者を情報の受け手ととらえていますが，人格形成を意図する実際の教育場面では教える者（たとえば学校教師）だけでなく，学ぶ者（たとえば生徒）も一個の生きる主体としてその場に参加しています。したがって，「教える」—「学ぶ」の関係は「主体—客体」の関係ではなく，「主体—主体」の関係，主体同士の相互作用なのだ，という点に注意しておきましょう。

2　近代以前——「教える」—「学ぶ」の意味の素朴なイメージと「産婆術」

　近代以前の教育は理念としても実態としても現在の私たちが持つ教育のイメージとはかけ離れている点には注意が必要です。意図的・組織的な教育を受けられるのは一部の支配層の人々か宗教家のみであり，その教育実践も個人指導が基本で，現在のような一人の教育者が多数の学習者を教える，いわゆる一斉教授という形態は存在していませんでした。したがって，教育の方法も教師の個人技に左右されており，教育者の教え方や学習者の学び方に特段の意識が払われ，多くの人々の議論の対象になることはまれだったといってよいでしょう。したがって近代以前の長い歴史の中では，日常的には「教師が教えたことを生徒が学びとる」，つまり教育者が教える知識や技術がそっくり学習者に伝達される，というような素朴なイメージが「教える」—「学ぶ」の中心的な意味だったと言えます。

　この「教える」—「学ぶ」の意味に対する素朴なとらえ方に対してはじめて新たな視野を切り拓いたのがソクラテス（Sōcratēs）です。彼は自分が何も知らないということを知っている（「無知の知」）という立場から，あらゆる先入観を排して知を愛し，真理に迫ろうとする生き方（「愛—知：フィロソフィア」）を人間の本質だと考えました。したがって，若者を導くときも，ソクラテスは

あらかじめ世間で流通している知識や徳を伝達するのではなく，「産婆術（あるいは助産術，対話法）」と呼ばれる教育的働きかけを実践しました。

　産婆術の前提となるのは学習は「想起」であるというソクラテス独特の学習観でした。人間の肉体は有限だが魂は不死であり，魂は前世の経験を通じてあらゆる事を知っている。「学ぶ」とは現在は忘れている知を教育的働きかけによって想い出すことなのだ，というのがソクラテスの考えでした。そしてその際の教育的働きかけとは，学習者が自己のうちにある知を思い出すきっかけとなるように教師が適切な質問を投げかけることでした。ソクラテスの産婆術においては，教師は何も教えません。教師は問いかけ，学習者は教師との対話を通して知を獲得します。この産婆術の代表例としてよく挙げられるのはプラトン（Platōn）の『メノン』の中で描かれるソクラテスとソクラテスの弟子メノンの召使の少年との対話で，基礎教育を受けていない召使の少年がソクラテスの問いかけに答えていくうちにピュタゴラスの定理を発見するというものです。

　この想起としての学習観と対話による知の産出としての産婆術は古代ギリシアの世界観・宗教観を基礎にしているために，現代の私たちからみれば非現実的に思えるかも知れません。しかし，知を愛し，追い求めつづけることを人間の本質に据える人間観にもとづいて考えるならば，「教える」―「学ぶ」の意味に新たな視野を拓いてくれます。つまり，人間が「学ぶ」とは情報，知識，技術を獲得することではなく，知を愛し，追求し，知を産み出す運動の実践をとおして人間の本質を実現することであり，「教える」とは問いかけを通じて学習者の中に知を愛するという人間の本質を呼び覚ますことなのだというとらえ方です。

　ソクラテスの産婆術をプラトンは『国家』の中で哲学者の教育の最終的な段階として「哲学的問答法（ディアレクティケー）」と呼び，奴隷ではない真に自由な市民が身につけるべき学問「自由学芸（リベラル・アーツ）」の一つに位置づけました。この自由学芸は古代ローマ帝国時代に「自由七科」として整備されていきます。この自由七科とは三学（文法学，修辞学，弁証論）と四科（算術，幾何学，天文学，音楽）で構成されており，産婆術はこの三学の一つ弁証

論（ディアレクティカ）へと継承されました。さらに中世キリスト教神学の中心となったスコラ学の中でこの弁証論は聖書の解釈をめぐる討論の方法として継承されていきました。こうしてソクラテスの「愛―知」と産婆術はその後のヨーロッパの精神的支柱として脈々と受け継がれ現在に至っています。ただし，さきにも述べたとおりこれは近代以前の社会においてはほんの一握りの支配者層の知識人や宗教家といった人びととの中での話であり，しかも受け継がれたといっても最上級の学問的営為として受け継がれたもので，多くの人々の「教える」―「学ぶ」という営みにおいて「教え方」，「学び方」が意識されるようになるには近代教育思想の誕生と発展をまたなければなりませんでした。

3　近世から近代へ――近代教育思想の系譜

　欧米社会の近世から近代に至る時代は，絶対王政に代表される封建社会から，1789年のフランス革命に代表される近代市民社会へと移行していく時代として説明することができるでしょう。その背景には商品貨幣経済の社会への浸透，生産性の高まりによるブルジョワ階層の台頭があります。支配階層に属さない人々の中にも生活に余裕を持つ者が多くなり，読み・書き・計算といった3R'sを中心とした基礎能力の学習機会を得るようになっていました。このような変化が近代国家における学校教育の成立を促す下地になっていきました。そして教育思想的にもブルジョワ階層を中心とする近代市民社会への移行を促す基盤が近世においてすでに準備されていきました。

（1）あらゆる人にあらゆる事柄を――コメニウス

　コメニウス（Comenius, J. A.）の代表的な著作である『大教授学』（1632）は「教え方」を普遍的技法として社会に流通させようとするはじめての試みであったといってよいでしょう。その副題には「あらゆる人にあらゆる事柄を教授する普遍的技法」と記されており，「このあらゆる人に」という言葉はすべての人が聖書を読むことができるように教育を受けるべきだと訴えたプロテスタ

ントの開祖ルター（Luther, M.）の主張を引き継いだものではありますが、近代の公教育制度につながる教育理念の先駆ともなりました。

　しかし、「あらゆる事柄を教授する」とはどういうことなのでしょうか。これはコメニウスが打ち立てた「汎知学」にもとづいています。彼は神が世界を造り出したのであるから、世界のあらゆるものには神の秩序が表れているのだと考え、世界を①この世の事物、②神の似姿である人間、③信仰の世界を現す聖書という、3つのカテゴリーに体系化し、汎知体系と名づけました。この3つのカテゴリーはそれぞれ①事物についての知、②道徳的に生きる存在としての人間についての知、③信仰にいたるための知を表しており、この知をすべて学ぶことによって知が徳に、徳が信仰に移行すると考えたのです。

　この汎知体系は彼が著した世界初の子ども向けの絵入りの教科書『世界図絵』（1658）に反映されています。この『世界図絵』には一つの項目に一枚の絵とそれを説明する母国語およびラテン語が記載されており、母国語とラテン語を同時に学べる仕組みになっていました。これはたんにギリシア、ローマの古典を文字の中だけで学習する従来の教育と異なり、事物に対する知覚と言語を結び付けること（認識）を学習する画期的な教材でした。そこには世界の認識を人間形成の基礎に据えるコメニウスの教育観が表れています。そして活版印刷で出版され、また母国語の部分はさまざまな言語に翻訳されてヨーロッパ中に広まり、影響を与えました。コメニウスの教授学において知を「学ぶ」こととはたんなる情報、知識、技術の獲得ではなく、人間の認識を鍛えることであり、さらに人間の道徳的生き方と信仰を可能にすることとして捉えられていたのです。

　一方、コメニウスにとって「教える」ことはどのような意味を持っていたのでしょうか。コメニウスの著した教授法の中身はたとえば、やさしいものから難しいものへ進む、鞭を使わず感覚を通じて教える、生活の中で応用できるように教える、一時に一事を教えるなど、学習者を押さえつけ強制的に学習させるのではなく、学習者が学習しやすい状態に合わせて教える方法が提示されており、現在の私たちから見れば当たり前のように思われるものが中心となって

1-2 「教える」―「学ぶ」という営みの意味の変化

います。つまり、私たちが現在当たり前のように思っている、学習者の状態に合わせて教える教え方の一般化を促したのがコメニウスだったと言えます。

コメニウスは自らの教授法を「教育的印刷術」ないし「印刷的教授法」と名づけ、その成果を誇ってもいました。コメニウスは「知が徳に、徳が信仰に」という学習者の主体的な人格の発達を視野に入れながらも、しかし、こと「教える」―「学ぶ」という関係に関しては教育者の知識を学習者の頭脳にコピー＆ペーストするようなイメージを徹底する方向で教授法を洗練したのだと言うこともできるでしょう。

（2）精神白紙説（タブラ・ラサ）――ロック

近代市民社会の誕生を思想的に導いたロック（Locke, J.）は絶対王政と身分階級による社会的不平等を批判し、自由で平等な個人（市民）が互いの財産を尊重しあう共通感覚（コモン・センス）にもとづき形成する社会を構想しました。そのような市民社会で理想とされた人間像が「紳士（ジェントルマン）」です。ロックの『教育に関する考察』（1693）は紳士の教育を説いた著作ですが、そこでめざされている紳士とは、身分階級をはじめとする古い習慣に依存することなく自由な個人として自己の生活と人生を切り拓き、また他者に対して礼儀正しく振舞い社会に参画する、徳のある勤勉な「実務家（man of business）」でした。

この著作の注目すべきところは、さまざまなところで子どもの精神が白紙（ラテン語でタブラ・ラサ tabula rasa）、蜜蝋、水などの比喩で自在に形づくられるもの、容易に方向づけられるものとして語られている点です。「精神白紙説」と呼ばれるこの考え方は、ともすると大人が思いのままに子どもを形づくる教育万能論のような危険な思想のようにも感じますが、むしろ生まれた階級によって人間に優劣がつけられてしまう前近代的な人間観への批判として解釈されるべきでしょう。つまり、すべての人は生まれつき優劣があるのではなく、教育によってみな等しく理想的人間像に近づくことができるのだ、という考えがロックの教育観の基盤となっているのです。そして、その教育論では家庭教

育におけるしつけと訓練が重視され，自己の利己的な欲望を否定する習慣の形成が中心となっています。子どもが古い慣習や社会的矛盾にさらされる前に，よい環境，よい教育の中で理想的な人間像に向けて教育されるべきだという発想はルソーに受け継がれていきます。

（3）消極的教育——ルソー

ロックの思想の影響を受けつつ『人間不平等起源論』(1755)，『社会契約論』(1762)等の著作で啓蒙主義思想を牽引し，近代市民社会の思想的基盤を築いたルソー（Rousseau, J.-J.）は，『エミール』(1762)という小説体で書かれた教育論の著者でもあります。

ただし，ルソーはロックとは異なり，子どもを白紙としてとらえるのではなく，子どもの内なる「自然」への信頼にもとづいて教育論を展開しています。当時子ども期はたんに大人になるための準備段階としか考えられていませんでしたが，そもそも人間の生涯が子ども期から始まるという「自然な」事実から，子ども期にはそれ独自の意味があるのだとルソーは考えました。そこで，子どもにあれこれと口や手を出して知識・技術を教え込む積極的な教育に対して，ルソーはとくに幼少期の子どもに対しては消極的でなければならないと主張します。ただし，この「消極的教育」とはたんなる放任ではなく，人間の内なる自然を信頼する教育的発想にもとづいて，学習者本人が主体的に取り組み，経験を通して学ぶことを重視するもので，教師主導による知識・技術の教授ではなく，学習者自身の主体的な経験と学習による教育の可能性を示唆したのです。

この「消極的教育」という考え方は「教える」—「学ぶ」の素朴なイメージを180度転換し，後に見るケイやデューイたちが「教え込み」の教育を批判する思想的源流となりました。

（4）自助の助としての教育——ペスタロッチ

ペスタロッチ（Pestalozzi, J. H.）は貧民階層の救済による社会変革を生涯追求し，スイスのウンターヴァルデン州シュタンツの孤児院での教育実践や，同

じくワート州イヴェルドンでの学校経営と教育実践の中でそれを実現しようとしました。

　彼はルソーの提示した自然の歩みに沿った教育を，子どもが自らを助けるように導く「自助の助」，すなわち自己形成の援助として構想し，その方法を「メトーデ（die Methode）」と呼びました。その構想は『シュタンツ便り』（1799），『ゲルトルートはいかにその子を教えるか』（1801）といった著作に表れています。人の道徳的性格は他者によって形成されうるものではなく，自己の思考と判断によってのみ形成されていく。しかし，その基礎となる理性的思考や主体的判断を間接的に援助することはできる。そのために重要なのは，認識の基礎となる直観の練磨である。自然の歩みに沿った教授により子どもの直観を練磨し，曖昧な直観を明晰な概念へと導くことによって子どもの道徳的な自己形成を援助することが教育の意義となる，そうペスタロッチは考えました。

　そこでペスタロッチは直観の要素を数・形・語の3要素に分類し（「直観のABC」），実物教育による直観の練磨を基礎とする系統的なカリキュラムを構成し，教授活動を実践しました（「直観教授」と呼ばれます）。この直観教授は一人の教師が同時に多数の子どもに対して教授活動を行うもので，その後の近代学校教育の一斉教授法の源流となり，現在に至っています。日本でも明治維新直後に新政府が創設した学校では，ペスタロッチ式の教育を行っていたようです。

　しかし，ペスタロッチは直観教授を中心とする表面的な技法のみが評価されることに不満を持っていました。そこで晩年には『白鳥の歌』（1825）の中で，知的能力，技術的能力，道徳的能力の調和的育成（「頭，手，心の教育」）の重要性を主張します。そして，これらの能力は教えられることによってではなく，子どもが身近な生活の中で実際にその能力を使用することによって発達するのであり，生活そのものが子どもの諸能力を育てると考えました（「生活が陶冶する」）。とくにその出発点として家庭の居間を挙げ，母親の膝元にいるかのようなくつろいだ雰囲気の中での教育（「居間の教育」）を重視したのでした。こ

こには教師による「教え込み」を重視する姿勢を批判し，生活経験から学ぶことを重視するペスタロッチの思想がうかがえます。

(5) 幼児教育への着目——フレーベル

　ペスタロッチが運営したイヴェルドンの学校は教員養成施設も併設されており，そこには教育を志す多くの人がヨーロッパ各地から訪れました。その中に後に述べるヘルバルトと，幼稚園の創始者であるフレーベル（Fröbel, F. W. A.）がいました。フレーベルはペスタロッチに共感を示しながらも，人間の使命と本質にもとづく教育を構想した独自の教育思想を『人間の教育』（1826）という著作で展開しました。

　万物には神の意志にもとづく永遠の法則があるというのがフレーベルの基本的な世界観でした。この神の意志は人間にも内在しているが，人間は唯一自由に思考し，判断できる存在であり，外界とのかかわりの中で自由な決断にもとづいて自己に内在する神の意志を実現するのが人間の使命である，という人間観がそこから導き出されます。人間に内在する神の意志の自覚は人間の外にある永遠の法則を認識すること（認識活動）から翻って可能となり，自己に内在する神の意志の実現という人間の使命は外界の永遠の法則と自己の内なる永遠の法則とを合一させること（表現活動）によって可能となる。したがってこの認識活動と表現活動を刺激し，人間が自己の内なる使命を実現できるよう援助することが教育の課題である，とフレーベルは考えました。

　『人間の教育』執筆後，フレーベルは幼児期の教育の実現に傾注していきます。フレーベルによれば幼児期の教育においては認識の教育よりも表現の教育が重視されます。さきにも見たようにフレーベルのいう表現活動とは人の内なる永遠の法則と外の永遠の法則との合一を意味しますが，これを現代の私たちにとってわかりやすく言い換えるとすれば，外の事物や人とかかわりながら自己が充実する活動，自分がもっとも生き生きと輝ける活動とでもいえばよいでしょうか。フレーベルによれば，大人の場合その中心となるのは労働ということになりますが，幼児期の子どもにとって表現活動の中心となるのは遊びです。

子どもは遊びに夢中になっているときには文字通り「我を忘れて」遊びの対象となるもの（たとえば遊具や玩具など）や環境に没入し，一体化しています。フレーベルはこの自他の区別が失われ，自己と世界が一体化している状態に，神の意思にもとづく内と外の合一の原型を見いだしたのでした。こうして世界ではじめて子どもの遊びに教育的意義を見いだした教育思想が誕生しました。

そして遊戯による教育の実現のため，教育遊具「恩物（die Gabe＝「神からの贈り物」という意味）」を開発し，その指導書を著すとともに，1840年に遊戯指導員の養成と実習兼模範施設として世界初の「幼稚園（Kindergarten）」を創設しました。しかしその後，フレーベルは宗教上の宗派対立に巻き込まれ，当時のプロイセン政府が「幼稚園禁止令」を出すなど，ドイツ国内の幼稚園の活動は衰退しますが，フレーベルの思想と幼稚園はアメリカで紹介されて支持され，世界に広まりました。日本では1876（明治9）年，にフレーベルの幼稚園に倣った東京女子師範学校附属幼稚園が創設され，次第に全国に広まり，現在に至っています。

（6）教授学的三角形と段階教授法——ヘルバルト

ペスタロッチの学校を訪れ影響を受けたもう一人の教育思想家にヘルバルト（Herbart, J. F.）がいました。ヘルバルトは教育という行為の科学化に力を注ぎました。

ヘルバルトによれば教育の目的は生徒の道徳的性格を高めることにあり，そのためには秩序とまとまりを持った「思想圏」を生徒の中に形成する必要があるといいます。彼はそのための教育活動を「管理」，「訓練」，「教授」の3つの要素に類別しています。「管理」は教師が教育活動を行えるように生徒の状態を整えることで，「訓練」は賞罰などを通じて生徒の心に直接働きかけ，生徒の道徳性を強めることを指します。「教授」とは子どもたちの経験と交流を拡充する営みであり，教師が生徒の道徳的な品性を高めるために整えた知の世界（＝教材）を生徒は経験し，この新しい世界と交流することによって自らの世界（＝思想圏）を拡充していきます。ヘルバルトは教育行為の中心を教授活動

第1章 子どもは何のために学ぶか

図1.2.1 教授学的三角形

に見いだし（「教育的教授」と呼ばれる），教授活動を細部まで分析することによって教師の教育行為が依って立つ原理を科学的に明らかにしようとしたのでした。

そして，この思想圏の教育という発想は「教える」—「学ぶ」の関係に新たな視野を拓くものでもありました。「教える」—「学ぶ」関係の素朴なイメージでは教師と生徒の直線的な関係がイメージされますが，ヘルバルトの思想圏の教育においては教師—生徒の直線的な関係に教材という要素が加えられた三角形が形成されているのです（「教授学的三角形」，図1.2.1）。ここには教材を媒体として教師も生徒も主体として教育の場に参加する構造が実現されています。

さらにヘルバルトは当時一つの学問分野として独立しつつあった心理学にもとづいて人間の認識を分析し，ペスタロッチの直観に関する理論をさらに拡充する教授理論を打ち立てました。それが「段階教授法」です。ヘルバルトは人間の認識の過程を①「明瞭」（一つの対象をはっきりと表象する過程）—②「連合」（さまざまな対象をカテゴリーにまとめる過程）—③「系統」（複数のカテゴリーを関連づける過程）—④「方法」（系統の結果得られた知を実践，応用する過程）の4段階に整理し，それぞれの段階に沿った教授の仕方を原理づけました。

ヘルバルトが教授を中心とする教育の科学化を進めたのはそれを必要とする社会的状況が生まれていたからでした。ペスタロッチの直観教授が可能にした一斉教授法の開発以降，ヨーロッパ各国で学校制度が整備されていきました。しかし，学校に多くの子どもたちがやってくるようになり，学校教育の現場は複雑化していきます。多様な子どもたち，複雑化する教授内容に直面して，教

師たちはその場で何をどうなすべきか，最適な判断を迫られます。この実際の教育場面での教師の判断をヘルバルトは「教育的タクト」と名づけ，その力を「教師の宝」と呼びました。ヘルバルトの教授活動の綿密な分析はこの「教育的タクト」を教師の中に育て，発揮する基盤としてなされたものでした。

　ヘルバルトの教授理論はその後ヘルバルト学派と呼ばれる彼の弟子たちによってさらに理論化されていきます。段階教授法も「分析―総合―連合―系統―方法」（ツィラー Ziller, T.)，さらに「予備―提示―比較―概括―応用」（ライン Rein, W.) という5段階へと整備されていきました。そして近代化の進む各国でヘルバルト学派の教授法は受け容れられ，日本も含めた全世界に広まっていきました。

(7) 児童中心主義の教育――ケイ

　19世紀から20世紀にかけて近代国家体制が整備され，全員就学がほぼ実現されていく過程の中でヘルバルト学派の教授法は世界を席巻し，近代学校における教授法のスタンダードといってよいほどになりました。しかし，世界中の学校で実践される中でその教授法は「効率的な教え方」として形式化する傾向が強くなりました。また，国家間の競争が激しくなり国力増強の一環として国家の教育への介入が強まりました。そのような状況に対して，学校のあり方，教育のあり方が「大人から」の押し付けなのではないか，子どもの自由と尊厳を損なうものとなっているのではないかという疑問が提起されるようになりました。

　そのような議論の代表としてケイ（Key, E.)の『児童の世紀』（1900）を挙げることができるでしょう。19世紀最後の日（1900年12月31日）に出版されたこの著作の中で，彼女はこう訴えました。19世紀は戦争の世紀であり，女性・子どもがその犠牲となっていた。来る20世紀は子どものための世紀にしなければならない，と。そして子どもの人権を主張するとともに，従来の学校教育が教授中心の「大人から」子どもに押し付けられた教育であったことを批判し，ルソーの消極的教育に立ち還った「子どもから」の教育を主張しました。この

主張は世界各地で「新教育運動」と呼ばれる「児童中心主義」を標榜する新しい教育運動が起こる引き金となりました。

（8）問題解決学習——デューイ

　新教育運動の中心として大きな役割を果たしたのがデューイ（Dewey, J.）でした。デューイは92歳の長齢で亡くなりましたが，その生涯はアメリカの南北戦争前に始まり，広島・長崎への原爆投下による第二次世界大戦終結後にまで至ります。それは社会に機械化と大規模消費経済が急速に浸透していく時代であり，今日学んだ知識が明日には時代遅れになるかもしれない変化の激しい時代でした。

　彼は当時社会に受け容れられはじめた進化論の自然淘汰説に影響を受け，人間を環境との相互作用の中で経験をつねに再構造化していく存在ととらえました。そして，人間にとくに特徴的なのは他者と協働してその再構造化を推し進める点であり，変化しつづける世界に対応してこの経験の再構造化を他者との協働のもと，社会レベルで行うことができるのがデモクラシー，民主主義にほかならないと考えました。この民主主義社会を形成する子どもの成長を可能にすることがデューイの教育思想の課題となります。彼は1896年にシカゴ大学に実験学校を創設して新しい教育のあり方を模索する中で，学校を子どもの発達段階に即した基本的で典型的な社会学習の場として構想し，実践していきます。

　この実験学校の成果を通してデューイが提案したのが「問題解決学習」でした。この学習では子どもの作業活動（occupations）を中心に教育が展開されます。たとえば羊毛や綿から糸を紡ぎ，布を織り，洋服を作る活動や，原始的な洞穴生活からはじめてさまざまな発見，発明の歴史を実際に辿る活動などの中で子どもたちは問題に直面し，その問題解決の過程で問題の把握，事実の観察と整理，予想や仮説の設定，知識・情報の収集による仮説の検証，事後の検証といった反省的思考を繰り返します。そして子ども—カリキュラム，子ども—子ども，子ども—教師の間での相互作用を通じてこの反省的思考による自己の経験の再構造化を繰り返す中で，はじめて出会う問題にも対処できる科学的思

考と，他者と協働して問題に向き合う社会性を獲得していく，というのがデューイの学習観でした。他方，教師は環境の整備，子どもの相談への対応，子どもの要求に応じた指導，子どもの経験の確認・評価などを行う「学習の支援者」として子どもとともに活動に参加します。この問題解決学習は教師の教え込みによる教育を排し，子どもの活動を中心に展開する子ども主体の教育を実現するものであり，その一方で教師の存在を軽視せず，教師─子ども間の相互作用を重視する点で「子どもから」を標榜する単純な「児童中心主義」とも一線を画す教育のあり方を示すものでした。ルソー～ペスタロッチ～フレーベルと紡がれてきた学習者の主体的経験を中心にした教育観はデューイによって現代的に仕上げられた，と言ってよいでしょう。

デューイの教育思想は『学校と社会』(1899)，『子どもとカリキュラム』(1902)，『民主主義と教育』(1916) 等の多くの著作を通して世界に影響を与えました。日本でも大正期に大正デモクラシーの風潮の中で紹介され，その影響を受けたカリキュラム案の開発や教育実践がさかんに行われました。その多くは一つの活動のまとまりの中で複数の教科の内容を横断的に学習する「合科学習」として展開されました。

4　近代から現代へ──現代の教育の課題

（1）情報メディアの発達による社会の変化

近代の終わりから始まる情報機器の発達は1990年代以降のインターネットの一般化に至り，私たちのコミュニケーションの様態は大きく様変わりし，文化的・社会的に大きな構造変化が進行しています。世界の情報消費社会化が進行し，政治，経済のグローバル化をもたらしました。これら先の見通しのきかない大きな変化の中で「教える」─「学ぶ」という行為はどのような意味を持ってくるのでしょうか。

私たちが経験している急速な社会の変化は，デューイが生きた時代と似ていると言えるかもしれません。今日学んだ知識が明日には時代遅れになっている

かもしれないのです。とくにインターネットの普及は「教える」―「学ぶ」という行為の意味に大きな影響を与えています。子どもたちは教師に頼らずとも容易に情報にアクセスできるようになりました。ヘルバルト学派に代表されるような知識の教授による思想圏の拡充という近代学校教育の役割はたんなる情報のみに限れば情報メディアで代替可能となったのです。

　こうした変化の激しい時代状況の中ではルソー～デューイらが主張したような、学習者の主体的な学習を重視する「教える」―「学ぶ」のとらえ方が注目される傾向があります。

（2）「生きる力」と「キー・コンピテンシー」

　1970年代から始まる日本のいわゆる「ゆとり教育」への教育改革の中で1990年代に文部省（当時）が新しい学力観として打ち出した「生きる力」はこのような変化の激しい時代状況に対応しようとしたもので，「自ら課題を見つけ，自ら学び，自ら考え，主体的に判断し，行動し，よりよく問題を解決する資質や能力」が重視され，その目玉となる具体的な改革として「総合的な学習の時間」を新設しました（第5章の表5.3.1も参照）。しかしこの新学力観は十分な議論にもとづいているとは言い難いもので，その後OECDの国際学習到達度調査（PISA）で日本の国際的順位が下がったことから批判が巻き起こり，「学力論争」として社会問題化しました。

　これに対してOECDがPISAの実施にあたって基盤としているのは「キー・コンピテンシー（Key Competency）」という学力観です。コンピテンシーとは「業績の高い人の行動特性」のことで、キー・コンピテンシーとは、「読み，書き，計算することとは別に、どのような他の能力が個人を人生の成功や責任ある人生へと導き、社会を現在と未来の挑戦に対応できるように関連づけられるのか？　各個人の基礎となる重要な能力の何組かのセットを定義し選択するための，規範的，理論的，概念的な基礎は何か？」（ライチェン＆サルガニク，2006）という関心のもとに，OECDが1997年から開始し，2003年に終了したDeSeCo（＝The Definition and Selection of Competencies: Theoretical &

表1.2.1　キー・コンピテンシーの3つのカテゴリー

カテゴリー	必要な理由	コンピテンシーの内容
1 相互作用的に道具を用いる	・技術を最新のものにし続ける ・自分の目的に道具を合わせる ・世界と活発な対話をする	A　言語, シンボル, テクストを相互作用的に用いる B　知識や情報を相互作用的に用いる C　技術を相互作用的に用いる
2 異質な集団で交流する	・多元的社会の多様性に対応する ・思いやりの重要性 ・社会的資本の重要性	A　他人といい関係をつくる B　協力する。チームで働く C　争いを処理し, 解決する
3 自律的に活動する	・複雑な社会で自分のアイデンティティを実現し, 目標を設定する ・権利を行使して責任を取る ・自己の環境を理解してその働きを知る	A　大きな展望の中で活動する B　人生計画や個人的プロジェクトを設計し実行する C　自らの権利, 利害, 限界やニーズを表明する

（出所）　ライチェン＆サルガニク（2006）

Conceptual Foundation コンピテンシーの定義と選択：その理論的・概念的基礎）プロジェクトによる研究と国際的な議論を通して提案されました。

　このキー・コンピテンシーは，グローバリズムを背景とする現代生活の複雑な要求に直面する中で思慮深い実践を可能にする能力と態度として考案されました。それは異なる社会空間・環境・文脈の知を相互に関連づけながらどのように行為するかを考え，差異や矛盾に対処し，さらに自己の責任に照らして行為の意味，知識，ルール，価値観を拡張したり応用したりする「思慮深さ（反省性 reflectivity）」を精神的前提としています。そして，もっとも基本的なレベルにおいて人が生きるということは自ら行動すること，道具を用いること，他者と交流することをともないますが，現代生活が必要とするレベルの精神的複雑さ，すなわちこの思慮深さ（反省性）と組み合わせると，それは「自律的に行動すること」，「相互作用的に道具を用いること」，「社会的に異質な集団の中で他者と交流すること」と表現されます。DeSeCo プロジェクトではキー・コンピテンシーをこの3つにカテゴリー化して詳しく整理しています（表1.2.1）。そして，このキー・コンピテンシーを身につけた人に期待される成果として，「人生の成功」と「正常に機能する社会」の実現が位置づけられています。

第1章　子どもは何のために学ぶか

　このキー・コンピテンシーの前提となっている思慮深さ（反省性）は蓄積された知識を想起すること，抽象的に思考すること，よく社会化されていることなどをはるかに超えるものであり，従来の教科教育の枠組みには収まらない子どもの能力，態度や姿勢，行動を重視するもので，従来の学校教育の中で通用してきた教授活動を中心とする「教える」─「学ぶ」の意味に大きな変更を要求するものとなりました。現在，このキー・コンピテンシーの提案をきっかけに，学習者の主体的・能動的学習により学習者の思考を活性化するいわゆる「アクティブ・ラーニング」の多様な学習形態が考案され，さかんに研究，実践されるようになっています。

　「生きる力」にせよ「キー・コンピテンシー」にせよ，現在「教える」─「学ぶ」の意味が大きく変化しつつあるという認識のもとに教育と向き合う必要があることは間違いありません。私たちはその動向を注意深く受け止めるとともに，これからの教育のあり方を模索し，議論を深めていく必要があります。

5　現代において「教える」─「学ぶ」という営みが持つ意味

　現代に生きる私たちは，科学や社会の進歩・発展を信頼し，未来を楽観視することはもはやできません。産業革命後の近代産業の結果である地球温暖化等の環境問題，科学の進歩の結果である核兵器の拡散や，原子力発電所の事故等に垣間見える人類滅亡の危険，これら人類史上かつて思いもつかなかった複雑な問題に私たちは直面しています。また，情報技術の飛躍的な発達により，世界規模で文化的・社会的構造が変化する中で私たちの日常生活のあり方も大きく変化し，人生の見通しも見えにくい状況が生じています。

　このように変化の激しい時代においては，子どもにとって「何のために学ぶのか」，「学ぶことが何につながるのか」が見えにくく，その結果子どもの主体的な学びへの意欲が生まれにくい状況が生じています。情報消費社会，グローバル化社会等，さまざまな特徴で言い表される変化の激しい現代社会において，持続可能な社会とそこで生きる人々の人生の幸福とはどのようなもので，その

実現のために,「教える」―「学ぶ」という人間の営みはどうあるべきなのか。これは現在進行しつつある切実な問題です。

しかし,たしかに情報化とグローバル化による変化は私たちに課題を突きつけていますが,そこには可能性もあります。情報技術の発達のおかげで私たちは以前よりも広範囲で多様な人々とつながり,議論することが可能となりました。さきにも述べた通り,「キー・コンピテンシー」はDeSeCoプロジェクトによる国際的な議論を通じて,個人の「人生の成功」と「正常に機能する社会」の実現という目的と関連づけられて定義されました。DeSeCoプロジェクトの議論のすべてを肯定するかどうかは別として,これを一つの範例として,私たちも現代における人間の幸福とは何か,そしてそのために「教える」―「学ぶ」という人間の営みはどのような意味を持つのか,議論を深めていかなければならないでしょう。

〈もっと詳しく知りたい人のための文献紹介〉

今井康雄（編）『教育思想史』有斐閣アルマ,2009年。
　⇨教育思想史についてもう少し詳しく知りたいけど,本格的な専門書はちょっと敷居が高い,と感じている人には最適な文献です。近代の教育思想を中心としながらも,古代〜中世〜ルネッサンスの教育思想,日本の教育思想,現代の教育思想もわかりやすく紹介しています。

苫野一徳『教育の力』講談社現代新書,2014年。
　⇨現代の教育改革の動向とその背景をわかりやすく紹介してくれる文献です。たんなる紹介だけでなく著者自身の意見が強く打ち出されている部分もありますが,著者の意見と対話して自分の考えを磨くこともできると思います。

〈文　献〉

鰺坂二夫・岡田渥美（編）『教育の歴史――理想的人間像を求めて』ミネルヴァ書房,1980年。

コメニュウス,J. A.（著）鈴木秀勇（訳）『大教授学1』明治図書出版,1962年。

コメニュウス,J. A.（著）鈴木秀勇（訳）『大教授学2』明治図書出版,1962年。

第1章　子どもは何のために学ぶか

コメニウス，J. A.（著）井ノ口淳三（訳）『世界図絵』平凡社ライブラリー，1995年。

Dewey, J., *How We Think,* Boston, D. C. Heath and Company, 1910, Revised ed., 1933.

デューイ，J.（著）宮原誠一（訳）『学校と社会』岩波文庫，1957年。

デューイ，J.（著）松野安男（訳）『民主主義と教育（上）』岩波文庫，1975年。

デューイ，J.（著）松野安男（訳）『民主主義と教育（下）』岩波文庫，1975年。

デューイ，J.（著）市村尚久（訳）『学校と社会・子どもとカリキュラム』講談社学術文庫，1998年。

デューイ，J.（著）市村尚久（訳）『経験と教育』講談社学術文庫，2004年。

フレーベル，F. W. A.（著）荒井武（訳）『人間の教育（上）』岩波文庫，1964年。

フレーベル，F. W. A.（著）荒井武（訳）『人間の教育（下）』岩波文庫，1964年。

原聡介（編）『教職用語辞典』一藝社，2008年。

ヘルバルト，J. F.（著）三枝孝弘（訳）『一般教育学』明治図書出版，1969年。

ヘルバルト，J. F.（著）高久清吉（訳）『世界の美的表現——教育の中心任務としての』明治図書，1972年。

堀内守『コメニウスとその時代』玉川大学出版部，1984年。

今井康雄（編）『教育思想史』有斐閣アルマ，2009年。

ケイ，E.（著）小野寺信・小野寺百合子（訳）『児童の世紀』冨山房百科文庫，1979年。

教育思想史学会（編）『教育思想事典』勁草書房，2000年。

ロック，J.（著）服部知史（訳）『教育に関する考察』岩波文庫，1967年。

ロック，J.（著）梅崎光生（訳）『教育論』明治図書出版，1970年。

森岡清美・望月嵩『新しい家族社会学　四訂版』培風館，1997年。

長尾十三二『西洋教育史　第二版』東京大学出版会，1978年。

日本ペスタロッチー・フレーベル学会（編）『増補改訂版　ペスタロッチー・フレーベル事典』玉川大学出版部，2006年。

押村襄・押村高・中村三郎・林幹夫『ルソーとその時代』玉川大学出版部，1987年。

ペスタロッチー，J. H.（著）前原寿・石橋哲成（訳）『ゲルトルート教育法・シュタンツ便り』玉川大学出版部，1987年。

ペスタロッチー，J. H.（著）東岸克好・米山弘（訳）『隠者の夕暮・白鳥の歌・基礎陶治の理念』玉川大学出版部，1988年。

プラトン（著）藤沢令夫（訳）『国家（上）』岩波文庫，1979年。

プラトン（著）藤沢令夫（訳）『国家（下）』岩波文庫，1979年。
プラトン（著）藤沢令夫（訳）『メノン』岩波文庫，1994年。
プラトン（著）渡辺邦夫（訳）『メノン──徳について』光文社古典新訳文庫，2012年。
ルソー，J. J.（著）今野一雄（訳）『エミール（上）』岩波文庫，1962年。
ルソー，J. J.（著）今野一雄（訳）『エミール（中）』岩波文庫，1963年。
ルソー，J. J.（著）今野一雄（訳）『エミール（下）』岩波文庫，1964年。
ライチェン，D. S.・サルガニク，L. H.（編著）立田慶裕（監訳）『キー・コンピテンシー──国際標準の学力をめざして』明石書店，2006年。
高久清吉『ヘルバルトとその時代』玉川大学出版部，1987年。
田浦武雄『デューイとその時代』玉川大学出版部，1984年。

第2章
子どもを見つめる

　子ども期とは人間の一生の中でどのようなときか，どのような特徴があるかなど，それぞれの社会によって付与される「子ども」あるいは「子ども期」の意味は変わります。そして，付与される意味によって「教える」―「学ぶ」営為の目的や内容および方法が変化します。第2章では，社会が子どもをどのように位置づけ処遇してきたか，すなわち子どもの歴史，子ども観，子どもの状態について考えます。また，それらの変化を示しつつ，子どもが「成長する」，「発達する」ことについてこんにち学問的にどのように捉えているかを解説します。これらを通して，学ぶ人である子どもに対する私たちの立ち位置を考えます。

【キーワード】
子どもの発見　子どもの価値　少子化　アノミー　消費者としての子ども　人材としての子ども　母子一体化　親準備性　ポルトマン　ハヴィガースト　発達課題　ピアジェ　エリクソン　ヴィゴツキー　発達の最近接領域　ブロンフェンブレンナー

2-1
子どもの歴史，子どもの現在

1 「子どもという存在」への問い

(1)「子ども」とは

　子どもとはどのような存在ですか？　この問いにあなたはどのように答えますか？　この問いに対するあなたの答えを見つけ出すことが本節の目的の一つです。子どもとはどのような存在ですか？という問いに答える私たちのことを，「子ども」よりさきに生をうけ，彼らに何らかの文化伝達を行う者と一応定義しておきましょう。たとえばそれは，親（保護者）や保育者あるいは教育者，ほかには為政者などです。親（保護者）であれば，夫婦が子どもをもうけて育てる意味を問うことになります。保育者あるいは教育者であれば，保育・教育の目的，目標，および内容・方法を問うことになります。また為政者であれば，社会や国家の価値や文化の継承あるいは刷新における次世代への期待のありようを問うことになります。どの立場に立つかによって答えは多少違ってくるでしょうが，相互に関連し合っているものです。それは，子どもという存在とは各時代・時期の"おとなのありよう"との関係性の中で意味をもつものだからです。つまり，関係性によって子ども観の意味が変化するということです。変化するといっても子どもという存在に付与される意味のすべてが一様に変わるのではなく，それぞれの意味（あるいは要素）が醸成された歴史やその意味を支えた関係性によって，変化の様相は異なります。このことについてもう少し解説しておきましょう。

　一枚の絵画（図2.1.1）を見てみましょう。この絵は17世紀ヨーロッパの居

2-1 子どもの歴史，子どもの現在

図2.1.1 「居酒屋」(Jacques Lagniet, 17世紀)
(出所) アリエス (1980) より転載

酒屋の風景を描いています。絵から何か気づくことはありませんか。絵の中央に2人の子どもが描かれています。この時代の居酒屋についてアリエス（Aries, P., 1914-1984）は，「居酒屋やキャバレーは，やくざや売春婦，兵隊，ほっつき歩いている生徒たち，乞食，あらゆる毛色の山師たちが出入りしていた良からぬ場所であった」と述べています（アリエス，1980，p. 367）。そういう居酒屋という場所でおとなと混在する子ども，アリエスがいう「中世には子ども期は存在していなかった」状況がまさにこの絵から窺えます。「子ども期が存在していなかった」というのは，換言すれば，おとなが，「子ども」をおとなとは異なる特性をもつ存在として認識していなかったということです。身体が小さく未熟なだけではなく，ものの見方や感じ方なども違う。この"違い"に対する理解を促して，教育という視座から啓蒙的役割を果たした者の一人がルソーです。

（2）子どもの発見

すでに第1章でふれましたが，ルソーが著した『エミール』（1762）は，「子どもの発見」の書と言われます。この"発見"は，子どもの何を発見したのでしょうか？

第2章 子どもを見つめる

　ルソーは、「わたしたち（人間）は弱い者として生まれる」（『エミール（上）』ルソー，2015，p. 28）と言っています。その一方で、「わたしたちは学ぶ能力がある者として生まれる」（ルソー，2015，p. 87）と言い、「生きはじめると同時に学びはじめる。わたしたちの教育はわたしたちとともにはじまる」とも言っています。これは子どもを発達の可能態（可塑性）と捉えるということです。そしてこの発達の可能態は、「人は子どもの状態をあわれむ。人間がはじめ子どもでなかったなら，人類はとうの昔に滅びてしまったにちがいない，ということがわからないのだ」（ルソー，2015，p. 28，下線は引用者）という言葉とともに、子どもおよび子ども期の重要な意味を明示しています。

　子ども期が以上のような意味を付与されることは、おとなが子どもに対する教育に意を用いることにつながっていきます。子ども期の中でさらに区分（発達段階への着眼）がなされて、その区分ごとに特性が把握され特性に応じた教育が考案されていきます。ルソーは、子ども期を3つに区分し、第一期を言葉以前の感官の時期（0歳〜1歳）、第二期を自然と事物の秩序を認識する時期（〜12歳）、第三期を理性のめざめの時期（〜15歳）としています。

　ルソーの"発見"はその後ペスタロッチ，フレーベルなどに受け継がれながら，時代を超え子どもという存在の意味として広く共有されています。

　日本では20世紀を迎えるころから、子どもへのまなざしやおとな―子ども関係に変化の兆しがうかがえるようになります。第1章で少し紹介した児童文化の創造と普及のことです。

　子どもを対象とした保育や教育の営みは、以上のような「子どもという存在」あるいは「子どもの価値」に対する意味づけによって、誕生し、変容してきたと言うことができます。

（3）少子化と子どもをもつことの意味

　ひるがえって、こんにちの少子化という現象を考えてみましょう。少子化は合計特殊出生率という数値で表現されることが多いですね。近年の合計特殊出生率の推移は図2.1.2に示すとおりですが、現在では一人の女性が生涯に出産

2-1 子どもの歴史，子どもの現在

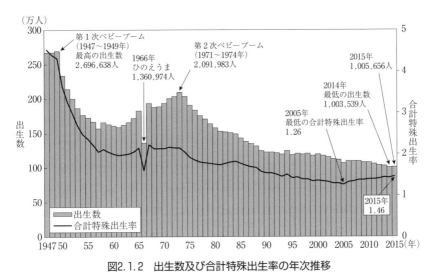

図2.1.2 出生数及び合計特殊出生率の年次推移
（出所）厚生労働省「平成27年人口動態統計月報年計（概数）の概況」（一部改変）

する子どもの数の平均値が1.4程度ということです。この現象に対して「女性はなぜ子どもを産まなくなったのか」と，ときに責めるような物言いがあります。しかし，この物言いは少々おかしいのではないかと思うのです。ひとり女性が産まないことに対して疑問を投げかけるという物言いですが，少子化は，結婚や家族に対する価値観や通念，女性の社会的地位および就労観など，多くの要因の総合作用の結果としてあるはずです。そして，この多くの要因の中に「子どもという存在」の意味がどのように位置づくのかということが問題です。あなたに引き寄せて考えてみてください。あなたは，結婚する？しない？ 家族の形は？ 結婚するとしたら仕事は続ける？ 子どもは？ 少々話がまわりくどくなりましたが，以上のように少子化という現象を観ると，子どもという存在の意味が，社会の変化にともなう夫婦や家族のあり方や女性の生き方などとの相対において変化していることが理解できると思います。子どもを産むのは社会のためであり，結婚したものの責任あるいは"つとめ"であるという考え方から子どもを産み育てるのは条件次第であり自分のためであるという考え方に変化しているという指摘もあります（柏木，2001）。

第2章　子どもを見つめる

　ここで本田和子の言葉を引用したいと思います。その言葉は，若い夫婦が子どもを持たないと決断した際の，夫婦の思いに寄せたものです。
　「子どもを産み育てる行為は，自己を自身のために充実させるにまして，他者のために投入し消費しつくされる行為でもある。それを支えるためには，よりどころとなり得る何物かが必要のではないか。
　単なる物質的には還元され得ない『精神的な価値』，それが『子ども』という他者のための無償の営みを支える，『心のよりどころ』なのではないだろうか。」(本田，2009)
　「精神的な価値」あるいは「心のよりどころ」を，私たちはどのようにとらえればよいでしょう。私は次のように考えます。
　ひとことで言えば，それは"つなぐ"ことです。私たちはそれぞれ，地球のどこかに生を受け，多くの人間や文化に巡り合います。私たちの生きる時間はせいぜい80余年でしょうが，私たちが巡り合った愛すべき尊い人間や文化のありようは，次の世代へとつながるのです。そのつなぐ関係が，おとな―子ども関係の根底にあると考えられないでしょうか。このように考えれば，つなぐということに対して人びとが見いだす価値あるいはよりどころが普遍的絶対的な位置から退き，ほかの価値あるいはよりどころとの相対において捉えられるようになり，ときに下位に位置づけられるようになったと言えるかもしれません。

(4)「子どもという存在」の意味

　本項の終わりに少なくとも確認しておきたいことは，以下の点です。
　第一に，人類の歴史のある時代を境に「子ども」という存在を「発達の可能態」として積極的に意味づけするようになったことです。第二に，したがって「子どもという存在」に付与される意味はその限りでは相対的なものだということです。第三に，しかし，とりわけ近代以降の保育および教育は，このとき付与された「子どもという存在」の意味を根拠として営まれてきたことです。そして第四に，付与された「子どもという存在」の意味は近代から現代への過程でその底流にありながらも，ときどきの政治や経済，あるいは男女の関係性

などによって，ときに新たなものが，またときに歪められたものが付加されたり，対置されたりしてきたことです。

2　「子どもという存在」についての理念型と現実社会
　　――能動性・主体性アノミー

（1）保育所保育指針および幼稚園教育要領における理念
　前項では，「子どもという存在」の意味について，主として歴史的観点から考えてきました。それを踏まえつつ，本項では，こんにちの保育・教育の底流にある「子どもという存在」の理念を確認しつつ，しかしその理念とは矛盾する子どもの処遇の現実について，「アノミー」（anomie）という捉え方で説明を試みたいと思います。アノミーとは，マートン（Merton, R. K., 1910-2003）によれば「ある文化的目標とそれを達成するための制度的手段にギャップが存在する」という事態を言います。
　幼児教育において子どもをどのように捉え，それに基づいてどのように教育を行おうとしているか，この点を確認する資料として，幼稚園教育要領（以下，「教育要領」と略称）や保育所保育指針（以下，「保育指針」と略称）が適当でしょう。まずそれらの内容を確認してみましょう。
　現行の教育要領や保育指針では，子どもの主体的な活動を大切にした環境による保育，遊びによる総合的な保育を標榜しています。その基底には，一つは，子どもが能動的な存在であること，2つ目は，体験を通して育つ存在であること，3つ目は一人ひとりの個性ある存在であること，という子ども観があります。
　能動的な存在とはどういうことでしょう。教育要領や保育指針において子どもの能動性（activeness）はどのように位置づけられているでしょうか。能動性が子どもに生得的なものかどうかはおくとして，それは教育要領や保育指針においては，以下のような記述に表現されています（傍点はすべて引用者）。まず，保育指針の記述から見ていきましょう。

第2章 子どもを見つめる

①子どもが現在を最も良く生き，望ましい未来をつくり出す力の基礎を培う（第一章総則―3保育の原理―（一）保育の目標ア）

②子どもの主体としての思いや願いを受け止める（同上―（二）保育の方法ア）

③子どもが自発的，意欲的に関われるような環境を構成し，子どもの主体的な活動や子ども相互の関わりを大切にする（同上オ）

④子ども自らが環境に関わり，自発的に活動し，様々な経験を積んでいくことができるよう配慮する（同上―（三）保育の環境ア）

⑤子どもの発達は，子どもがそれまでの体験を基にして，環境に働きかけ，環境との相互作用を通して，…（中略）…新たな能力を獲得していく過程（第二章子どもの発達―前文）

⑥子どもは，子どもを取り巻く環境に主体的に関わることにより，心身の発達が促される（同上―1乳幼児期の発達の特性）

⑦保育士等は，子ども自身の力を十分に認め，一人一人の発達過程や心身の状態に応じた適切な援助及び環境構成を行う（同上―2発達過程―前文）

⑧子どもが自ら周囲に働きかけ，試行錯誤しつつ自分の力で行う活動を見守りながら，適切に援助する（第三章保育の内容―2保育の実施上の配慮事項―（一）ウ）

⑨子どもが自分でしようとする気持ちを尊重する（同上―（三）イ）

⑩自己を十分に発揮して活動することを通して，やり遂げる喜びや自信を持つことができるよう配慮する（同上―（四）イ）

以上は保育指針の随所にみられる能動性にかかわる記述です。教育要領にも同様の記述がみられます。主なものだけを挙げるとつぎのような内容です。

①幼児は…（中略）…自己を十分に発揮することにより発達に必要な体験を得ていくものであることを考慮して，幼児の主体的な活動を促し，幼児期にふさわしい生活が展開されるようにする（第一章総則―第1幼稚園教育の基本―1）

②幼児が自ら周囲に働き掛けることにより多様な感情を体験し，試行錯誤し

ながら自分の力で行うことの充実感を味わうことができるよう，…（中略）…適切な援助を行うようにする（第二章ねらい及び内容—人間関係—3内容の取扱い(1)）

　③幼稚園教育は，幼児が自ら意欲をもって環境とかかわることによりつくり出される具体的な活動を通して，その目標の達成を図るもの（第三章指導計画及び教育課程に係る教育時間の終了後等に行う教育活動などの留意事項—第1指導計画の作成に当たっての留意事項—前文）

　現行の教育要領や保育指針の随所にみられる記述からは子どもの能動性に対する信頼を十分に読み取ることができます。そしてその記述には，子どもが能動性を発揮できるようになるには，特定のおとなとの基本的信頼関係が確立されること，そしてそれを基盤にしたおとなや他の子ども（仲間）との継続的な相互作用が保障されることが必要であることが示されています。

　また，個性ある存在とはどのようにとらえることができるでしょうか。子どもはそれぞれ性差や個体差をもって生まれますが，それ自体は個性ではなく，個性とはその後の成長過程において周囲とのかかわりの中で獲得されていくものです。つまり，性差や個体差を周囲のおとなが受け止め，認め，応答していく，この繰り返しの中で子どもは，いっぽうで社会における規範的態度や行為を獲得しつつ，他の人とは区別される"自分"を確立していける。現行の教育要領や保育指針は，このことを前提として，個性の確立にむけて「特性」や「個人差」を尊重し保育すべきことにたびたび言及しています。

（2）消費者としての子ども

　以上のような教育要領や保育指針に示されているいわば理念としての子どもの捉え方（子ども観）にもとづいて，こんにちの幼児教育（保育）機関では日々の活動が展開されています。しかし，子どもの生活は当然のことながら幼児教育（保育）機関だけでなく家庭や地域社会での活動を含めた全体の日常です。主体性や能動性を標榜する活動があるいっぽうで，現実の，あるいは日常の社会（のおとな）は，子どもをどのように位置づけ，処遇しようとしている

でしょうか。

　「消費者としての子ども」ということが言われます。子どもを社会における消費者として位置づけるということを意味し，さまざまな商品が子どもを対象としてつくられ売られるという社会を表現しています。お菓子（食品），玩具，衣服はもちろんのこと，映画（アニメ），装飾品，教育産業など，直接に子どもを消費者として対象とするものから，自動車，家屋，保険など「子どものために」を商品化した，いわば間接的に子どもを消費者とするものもあります。このような社会は，子どもにとって刺激ある多様な文化を大量に提供し，その意味では恵まれた環境をつくってきたという側面はたしかにあるでしょう。たとえば20世紀のはじめに三越百貨店が子ども用品（玩具，学用品など）を開発販売するようになり，「消費者としての子ども」という位置づけが徐々になされるようになった日本の明治期後半から大正期にかけては，雑誌『赤い鳥』などを中心に児童文化が花咲きはじめた時期でもありました。しかしいっぽうで，消費者として子どもを処遇することは，子どもが能動的で，個性ある存在であることと矛盾することがあると考えられないでしょうか。商品をつくり売る側は，子どもの感性や好みなどに合わせるように商品を開発しますが，商品化を繰り返しながら，徐々に子どもの感性や好みを先取りした（流行をつくり出すように）商品をつくりあげ，今度はそれに子どもを適応させていくことになります。つまり，子どもを能動的な存在ではなく受動的な存在，個性ある存在というよりは画一的な存在につくりあげていくことにならないでしょうか。少なくとも結果としてそのように処遇してしまうことになりませんか。

　また，消費者として子どもを処遇することは，「体験を通して育つ存在」としての子どもにとってはどうでしょうか。家庭用ゲーム機やインターネット上のゲームを考えてみてください。子どもを顧客としてつぎつぎに開発されてきたゲームソフトは，子どもの日常に広く深く入り込んでおり，ゲームに没頭する子どもはそこに展開されるバーチャル・リアリティの世界に遊びます。日常的に提供されるバーチャルな世界の洪水の中で，子どもに対してどのように体験を保障するというのでしょうか。

体験とは，言うまでもなく子どもが身体を使い，見る，聞く，触るなどの感覚の働きが豊かになるように活動することです。言い換えるなら，環境と直接にかかわりながら子どもを取り巻くさまざまな自然事象や社会事象を楽しみ，それらに不思議さや畏怖を感じるなどの活動をいいます。このような環境を通して行う保育の考え方は理念としてすでに日本では一般に理解されています。現行の教育要領や保育指針では，この環境を通して行う保育によって生きる力の基礎となる心情，意欲，態度が育つことが期待されています。やはりこの点でも，理念と現実の隔たりを指摘せざるを得ません。

（3）人材としての子ども

さらに，「人材としての子ども」，「将来の労働者，納税者としての子ども」ということも言われます。少子化への対策の中でもしばしば直接に，あるいは言外にこのことは語られます。生産性を優先する人間観あるいは人材観と言えばいいでしょうか。この人間観（人材観）は，生産性を占有するおとなになるための準備期間として子ども期を位置づける傾向があります。つまり，子ども期を独自の意義をもつものとする理念を軽んじる可能性があります。たしかに，子どもはおとなになっていきます。社会の一員として生活するためにその社会で必要とされる知識や技術を獲得しなければなりません。しかし，子どもは社会の一員であるとともに，一人の人間として生涯をおくります。一人の人間として子どもがその時期を生きることがまず尊重されなければなりません。このことを，教育要領や保育指針の子ども観に立って確認しなければならないのではありませんか。

（4）主体性・能動性アノミー

これまでみてきたように，保育・教育の理念，目的というところでは，教育要領や保育指針に代表されるように子どもの能動性や直接的体験，あるいは個性伸長を標榜しています。しかしいっぽう，子どもの日常はそれとは対極にある受動的で，疑似的な体験に覆われ，かつ画一的傾向を助長するような生活が

あります。子どもは，この二重の生活を余儀なくされているというのが現実ではないでしょうか。

ここで言う"二重の生活"は，「主体性・能動性アノミー」と言い換えられるかもしれません。この言葉は，苅谷剛彦による「自己実現アノミー」を拝借したものです。苅谷のいう「自己実現アノミー」は，「自己実現」を強調し唱道する言説が溢れ各自がその欲求を高めているのに，「自己実現」を達成する具体的な手段が提供されていない状態，ということです（苅谷，2012, p. 322）。本項に引き寄せて言えば，「主体性・能動性」を強調し唱道する言説が溢れ…云々，ということです。

3　子どもを見つめる母親

（1）母親の使命感とストレス

前項では，今日の保育・教育実践においてめざされている理念としての子どもと，現実社会において処遇されている子どもの状況とを対比させて，「能動性・主体性アノミー」の状態，あるいは子どもが二重の生活ともいえる状況を強いられているのでないかということを述べました。本項では，子どもを見つめるおとな（とくに母親を中心に）の現在を見てみましょう。子どもを見つめる側の状況は，子どもをどう見るか，どのように処遇するかということに密接にかかわるからです。

2006年12月，新たな教育基本法（以下，「新基本法」と略称）が公布，施行されました。新基本法の中で家庭教育（第10条）や幼児期の教育（第11条）について直接に規定する条項が新たに加わったことは周知のことでしょう。

新基本法では，父母その他の保護者は子どもの教育について「第一義的責任を有する」と規定され，そして国および地方公共団体が保護者に対して「（子どもの教育について）学習の機会及び情報の提供その他の家庭教育を支援する」ことが規定されています。ここで第一義的責任を有するとされる保護者の一人，母親の現在を考えてみたいと思います。じつはそれが，子どもを取り巻く人的

環境の一つの傾向を示すことになるからです。

　母親の現在について，ここでは福岡県A市で筆者らが実施した質問紙調査の結果についてふれることからはじめましょう。この調査は，少し時期がさかのぼりますが，2006年12月から翌年1月にかけて実施した子育てに関するものです。調査対象は現在子育て中の母親で，その質問内容は子育てに関する悩み，不安，気になることが中心です。この調査の回収率は約4割，回答者は全体でおよそ400名，そのうちの7割ほどが自由記述に回答してくれています。自由記述は，子育てに関する悩み，不安，気になることについて自由に書いてもらったものです。その詳細についてはここでは省略しますが，回答結果を検討する中で留意すべき点があったので，ここで紹介しておきたいと思います。

　この調査では，子育てに関して，子どもの育ち，親子関係，子育て環境，保育機関への要望，行政への要望という5つの大項目に分けて，それぞれ悩みなどを回答してもらいましたが，親子関係の項目で，回答者である母親が子どもとの関係に悩み，自分自身の性格や子育ての力量をマイナス評価している記述が意外に多かったのです。具体的には次のような内容です（傍点は引用者）。

　　「いつもは可愛いと思うのに，オムツ換えや着替えの時などおとなしくしてくれなくて，イライラしてしまうことがたまにある。そんな自分がとてもイヤになります。」（生後7か月）

　　「あれもこれもしなきゃとあせってどれも中途半端になっていることにイライラして，子どもが泣き止まず授乳しているとゆっくり授乳してあげられない。家事しているときも急いで心にゆとりがもてなくてイライラしてしまう。怒りっぽい自分が本当に嫌になる。将来の子どもの性格が心配でたまらない。」（生後7か月）

　　「普段は私一人で朝から夜まで子どもをみており，子育ての9割は母親である自分の肩にかかっている。祖父母に会う機会も少ないので，子どもの心が偏らないかと心配がある。」（2歳1か月）

第2章　子どもを見つめる

　以上のような母親の声はかなり多く、回答者全体の16.5％（65名）にのぼりました。母親が、いっぽうで、夫や周りの人びとの協力を望みながらも、やはり子育てを自己の使命として受け容れつつストレスを感じている状況があると言えるのではないでしょうか。

（2）母子一体化

　この調査に現れた母親の状況は、じつはいまにはじまったことではありません。1995年、朝日新聞紙上では戦後50年間の社会のさまざまな領域における変化に関して、かなり長期間にわたって特集連載が組まれました。いまからもう20年以上も前ですが、このとき社会に一つの傾向としてあった母親の姿、あるいは母子関係のありようは、上記の状況と同じような様相をすでに示しています。

　「子を殴ってしまった。母親業向かぬ」、これはその連載の中の見出しです。育児相談を担当する保育士（当時は「保母」）に電話をかけてきた母親は、当時子どもの事件が起きるとその背景にあると指摘されていた家庭的要因を自分自身に重ね合わせ、よい家庭をつくるという使命感に従いまさに“母親業”を全うしようとしましたが、思い通りにならない子どものしぐさにイライラし、いつしか殴ってしまった。そういう自分を責めています。

　「ハクつけるのが子どものしあわせ？」、これも同じ連載の記事です。社会性の育ちを重視した子育てから、塾やお稽古事などを利用して付加価値（つまり、“ハク”）を付ける子育てへと移行する傾向が見られはじめた時代を示したものです。子育ての軸が社会性から個性へと移る傾向は、日本が戦後高度経済成長を遂げ経済的に豊かになっていく中で、子どもの教育が家庭においても重大な関心事となり、実際にも教育に投資できるようになってきたことと呼応します。学校教育が高等教育まで含めて量的には行き渡り、質が問われる社会において進行したと考えられます。そして、ある時期言われた「学歴社会」はすでに終焉し、多くの者が大学という学歴を獲得する社会になったとき、今度は「学校歴社会」だといわれどの大学に入ったかが問われるようになりました。

大学そのものがブランドではなく，ブランドとなる大学に入るかどうかが基準となりました。このような中で，自分の子どもを他の子どもと比較しつつ，他より早くそして違う何かを獲得させようとする心的傾向（mentality）が，付加価値（ハク）を付ける子育てということです。その使命を"専業母"として担うのです。

このような事例にみる母親および母子関係のありようについては，母子一体化，あるいは母子癒着として言及されますが，その背景には，日本の経済的・社会的変化だけでなく，子育てを巡る夫婦の協力関係や家族の変容などが存在します。つまり，先ほどの福岡県Ａ市調査の引用にもあったように「子育ての9割が母親である自分の肩にかかっている」という母親自身の使命感や，そのような状況に母親を置いてしまう夫婦関係や家族のありよう，そして職場を含む社会全体における女性の労働に対する認識や処遇です。

以上に述べてきたような子どもを見つめるおとなの現在のありようについて，みなさんはどのように考えますか。

4　親準備性と子育ての協働

（1）親準備性とは

再び先ほどの福岡県Ａ市の調査に言及しますが，母親の回答の中に次のような記述があります。

> 夫に子どもを見てもらってもいつもテレビアニメとお菓子を与え，自分はパソコンをしている。

> 夫が父親になりきれていないと感じます。たとえば，スーパーなどで小さい子どもがいるお母さんと子どもにやさしくしてほしい。

これらは父親についての記述ですが，いわば親準備性の欠如にかかわる内容と考えることができます。親準備性（parental readiness）とは，一般に望まし

い親行動を行うのに必要な，プレ親期（とくに青年期）における価値的，心理的態度や行動的，知識的側面の準備状態を意味するもので，具体的には，第一に，望ましい結婚生活と育児行動を成立・維持させる異性観，結婚観，性役割観，第二に，子どもの受け容れにかかわる態度，第三に，健康な子ども観，育児知識や技能の習得度ということです。また，親準備性とほぼ同義に使用される言葉として親業（parenting）がありますが，これは一人の人間が成長するにつれて育てる者としての役割を身につけ成長し親になるという意味です。この，親になるという過程には，子ども（育てられる者）と養育者（育てる者）との相互作用はもちろんのこと，世代間の，あるいは周囲の人間との間の，子育てに関する文化の世代間伝達が必要不可欠です。しかし，そうした相互作用や世代間伝達が十分に保障されていない現実社会が存在します。

（2）母子関係および親準備性の問題の背景

ところで，これまでの母子関係や親準備性の話からすると，現在の子どもの育ちにかかわる問題の原因のすべてを親や家庭に求めるような誤解を招くかもしれません。また，先に引用した新基本法の「第一義的責任」という語句からも親や家庭の責任が問われる傾向があります。しかしそれは違います。子どもの育ちの変容も，そして母子関係や親準備性の問題も，自然環境や社会環境の変化によるところが大であることはすでに指摘されているとおりです。私たちに必要なことは，第一に，子どもを取り巻く環境の変化が現実にあり，それが子どもの育ちに多大な負の影響を与えていることをしっかりと認識することです。第二にその認識に立って，親や家庭の「第一義的責任」をことさら強調するのではなく，保育者・教師と保護者とが子どもの育ちにとってよりよい環境をともに考えつくっていくことです。

地域における子育て支援が叫ばれ，すでに優れた実践も各地で行われていますが，その際に，上記の視点は重要です。母親や父親その他保護者（育てる者）がおかれている現在の状況は，子どもの育ちにとって豊かな環境（人的環境）とは言えない面をもっています。その意味では育てる者としての成長を支

える親子関係支援は，専門家としての保育・教育機関や保育者・教師の大きな役割であると言えるでしょう。そしてその親子関係支援では，専門家が未熟な保護者を教え導くという構えは捨て去らなければなりません。母子関係のおかしさも親準備性の欠如も社会環境の歪みがもたらしたものであるならば，それらの問題を解決する術には，少なくとも親や家庭にのみ求める訳にはいきません。

先ほどの専業母という言葉に示される親子関係では，育てる者が子どもの育ちに対して描く一定のあるべき姿が子どもに強要されるという傾向をもっています。そして，その在るべき姿は社会によってつくられ，無批判的に受け容れられるということも考えられます。とすれば，あるべき姿として子どもに望まれる育ちと，発達の過程で子ども自身が育てる者に要求する事柄とは齟齬をきたす場合も多くあるでしょう。また，育てる者が自分を育てた親や社会から「育てる―育てられる」関係性を伝達されていなければ余計に，このような齟齬はいっそう強くなる可能性があります。さきに示した母子間の「密接なつながり」の中では，ややもすれば育てる者が子どもに応答ばかりを求めることにもなります。

（3）保育者・教師の役割

このことは，保育や教育の実践においても留意しなければならないことです。その意味で関口（1997）の以下のような指摘は重要です。これは，保育機関において依然として行われている鼓笛隊活動や発表会活動，あるいは運動会の演技などにおける高度な活動を歓迎する傾向にふれて述べられています。

「幼児が保育者の指導にしたがって一生懸命演技することがおとなに感動を与えたり，自分の子どもを誇る満足感を与えることになる。…（中略）…しかし，その活動内容が幼児自身の興味や発達課題から出発していないこと，活動の過程が保育者の指示によることから，幼児は受動的な立場になり，主体的に自ら活動を展開する体験とは異なり，人格的成長への寄与は小さい。」（関口，1997）

保育者は，遊びを含めた豊かな文化を子どもに伝えていく（文化伝達の）役

第2章 子どもを見つめる

割を担っていることはいうまでもありません。ところが，これまで本節で見てきたように，現実社会における子どもの処遇は「消費者としての子ども」や「人材としての子ども」といったおとなの生活や価値が優先され，長い間子どもの成長発達に寄り添い子どもに受け容れられかつ糧となってきたものよりも，利那的ともいえる快楽が日常的に提供されていく傾向にあります。子どもを取り巻くこのような文化的環境の中で保育者・教師は，これまで子どもに寄り添い受け容れられ糧となってきた文化を追体験し，選び，かつ新たに創造しつつ，子どもに伝えていくことがいっそう求められます。

また，バーチャル・リアリティの世界に遊ぶ子どもを，体験の世界に遊ばせるために，保育・教育機関における保育・教育内容や方法をもう一度見直すことが望まれます。管理されたものやつくられたものを無批判的に，あるいは惰性的に子どもに提供するのではなく，できるかぎり生のものを提供するよう心がけましょう。たとえば，絵本はできるだけ保育者自身読みこなし暗唱し，語り聞かせましょう。レコードやマイクはやめてみましょう。つまり，子育て文化を繋ぐ者としての役割が期待されているということです。

さきに親準備性の今日的問題に言及しましたが，子どもを産むことへの構えや，子どもを受け容れ，認め，適切に対応するなどの子どもへの応答的環境について，保育者・教師は養育者との間で相互の理解をはかり，その保障にむけて協働していくことが望まれます。そのとき，保育者・教師として大切なことは，応答的環境を十分に保障できない養育者の社会的，文化的背景を考えなければならないということです。たとえばそれは，養育者の職場の事情，夫婦関係，養育者自身が経験した親子関係などを想起すればわかるでしょう。それらに対する配慮の上で，保育者・教師はそれぞれの養育者とともに何を相互に理解し協働するかを明らかにできます。そしてこのような相互理解や協働の中から，保育者・教師と養育者がともに大切と考えられることがらを保育および教育の内容として立案・実施していくことが期待されています。この点に関して鈴木は，「家庭の問題」と切り捨てないで保育の課題として引き受けることの必要性を述べていますが，とりわけ現代社会における家庭や養育者―子ども関

係の下では，こうした指摘は重要だと思います。鈴木は次のようにも言っています。

「家庭が切羽詰まった状況にあるからこそ，子どもの生活や心に影響が出てきているという場合も多いのです。そのような時に保育者から「子どもの生活をきちんと」とか，「子どもが不安定だから，何とかして」といわれても，親は切羽詰まっていて，保育者の言葉が受けとめられず投げやりになったり，さらに親を追い込んでしまうこともあるのではないでしょうか。」(鈴木，1999)

(4) 子育て文化の共有

相互理解と協働を成立させる場所が保育・教育機関です。保育・教育機関そのものが，多様な子どもが集う環境，育てる者が子育て文化を伝えられ共有できる環境(空間，あるいは居場所)となることが必要です。これまで何度か指摘してきたように，子どもは教育力(あるいは保育力)の弱体化した環境の中で成長発達を強いられています。だからこそ，専門性を有するものとしての保育・教育機関には多様な子どもや育てる者が集い，伝え合う環境を充実させることが期待されています。さまざまな経験をもつ近隣の人びととのつながりや子どもの異年齢集団は豊富な文化伝達機能をもっていましたが，そのようなつながりや異年齢集団が弱体化してきている中，これまでにも増して，地域における子育て文化の伝達に果たす保育・教育機関の役割は重要になってきています。

保育・教育機関が地域の親子の居場所を提供し，保育・教育の日常を見てもらったり，育児に関する相談を受けたりといった活動はすでに各地で行われています。また，子育てに関する知識や遊びの実際を伝える催し(たとえば育児講座など)もずいぶんと行われています。他にもたとえば，中学校の空き教室を利用して「子育てサロン」を開設し，そこに親子の遊び場(居場所)をつくるとともに，中学生(次代の子育てを担う者)に地域とのつながりや子どもの育ちに触れる機会を提供する試みもあります。次世代を担う中学生が，子どもの育ちやそれにかかわる保護者の姿を目の当たりにすることは，命に触れ，命を守る者に触れる機会となり，親というものへの理解が育っていくことにつな

第 2 章　子どもを見つめる

がる可能性があります。また，保護者にとっては，まさに居場所，それも家庭という孤立した場所ではなく同じような子育て中の人たちとの交流の場所が提供されることになります。

（5）子どもと向き合うことの意味

　子どもを見つめる，ということはじつは，おとなを，あるいはまた人間を見つめることと重なり合います。また，子どもを見つめるとは，子どもの育ちにかかわる者たちの関係のあり方を見つめることにもなります。その意味で言うならば，私たちおとなは，不遜になったのかもしれません。おとなは，あとに生まれた世代の子どもの生を見て，ときに自分たちおとなの価値や規範に合わないと批判して教育したり，ときにわが身を反省しおとなの存在や生き方を問い直してきたりしたように思います。しかし，その関係のあり方が変わったように思います。子どもの声がうるさいと言って公園に「騒音禁止」の立て札が立つという事態や，子どもが減少し学校の統廃合や小規模化が進む状況など，「子どもを忌避する」（本田，2007）という観念がこの社会にあるとするならば，いま私たちおとなは，同時代を生きる子どもとしっかりと向き合わず，自分たちの生を真摯に検証し新たな社会や文化を構築する大切な機会を自ら削ってしまっているかもしれません。「私たちおとなが主動する社会」と言い切って疑わない，そのようなおとなになってはいないでしょうか。

〈もっと詳しく知りたい人のための文献紹介〉

　　本田和子『それでも子どもは減っていく』ちくま新書，2009年。

　　　　⇨わたしたちは「少子化」を前にして，女性は子どもを産むもの，子どもは「将来の労働力」として生まれてくるものという固定観念から抜け出し，女性が「産まないこと」あるいは「少なく産むこと」を選択した意味と理由を考えなければならない，「いま，子どもである」人たちの多様な存在意義（経済的効用だけでなく）に思いを巡らさなければならない，本書はこのような主張に満ちています。

柏木惠子『子どもという価値——少子化時代の女性の心理』中公新書，2001年。
　⇨1990年代以降の少子化の中で子どもをもつ意味がどのように変化したかについて，女性の心の問題としてとらえ考えた書です。各年代の女性（約300人）へのインタビュー結果も踏まえながら，「子どもをつくる」時代における子どもの価値について興味深い論考を展開しています。

ラングミュア，E.（著）高橋裕子（訳）『「子ども」の図像学』東洋書林，2008年。
　⇨原題 *Imagining Childhood* が示すように，本書は，絵画に描かれた子どもを通して，子どもに対する各時代のイメージや，その絵の意味および効果について明らかにしようとしています。子どもの玩具や服装，あるいは捨て子や児童労働などおとなや社会の子どもに対する処遇を絵画の題材とすること自体，作者の，あるいは社会の子どもに対する特別なイメージが生じた証とも言えます。

〈文 献〉

アリエス，P.（著）杉山光信・杉山恵美子（訳）『〈子供〉の誕生——アンシャン・レジーム期の子供と家族生活』みすず書房，1980年。
本田和子『変貌する子ども世界——子どもパワーの光と影』中公新書，1999年。
本田和子『子どもが忌避される時代』新曜社，2007年。
本田和子『それでも子どもは減っていく』ちくま新書，2009年。
苅谷剛彦『学力と階層』朝日新聞社，2012年。
柏木惠子『子どもという価値——少子化時代の女性の心理』中公新書，2001年。
河原和枝『子ども観の近代——『赤い鳥』と「童心」の理想』中公新書，1998年。
厚生労働省「平成27年人口動態統計月報年計（概数）の概況」http://www.mhlw.go.jp/toukei/saikin/hw/jinkou/geppo/nengai15/index.html（2016年8月5日閲覧）
ラングミュア，E.（著）高橋裕子（訳）『「子ども」の図像学』東洋書林，2008年。
太田素子・浅井幸子（編）『保育と家庭教育の誕生——1890-1930』藤原書店，2012年。
ルソー，J. J.（著）今野一雄（訳）『エミール（上）』岩波文庫，2015年。
関口はつ江「幼児の発達を保障する保育内容」，日本保育学会（編）『わが国における保育の課題と展望』世界文化社，1997年，190頁。
鈴木佐喜子『現代の子育て・母子関係と保育』ひとなる書房，1999年。

2-2
子どもの成長・発達とは

1　発達とは何か

（1）子どもを発達的な視点から見つめることの意味

　「子どもの発見」以降,「子ども」という時期は独自の価値ある時代としてとらえられるようになり，子ども時代のあり方やその教育についての研究がさかんに行われるようになりました。現在の発達研究は，もともと児童研究の一環として子どもの行動観察などを中心に教育を志向するものでした。実験心理学による影響などを受けながら，子どもの発達研究は児童心理学，教育心理学，発達心理学など，次第に実証科学へと変容してきたといえます。

　「発達」という言葉が「子どもの発達」の意味で使われるようになったのは比較的最近のことですが，今日では子どもの教育を考える際に「発達」というタームは不可欠になっています。保育や教育に「発達」という概念が積極的に取り入れられる背景には，子どもを「将来に向け，さまざまな能力を獲得し，成長していく」という可能性を持った存在と見なしているということが前提としてあります。また，心理学をはじめとする発達科学が保育や教育の根拠となることが実証的に明らかにされ，保育や教育を支える理論として重要視されるようになってきたこともその理由です。

　保育・教育において子どもを発達的な視点からみることにはどのような意味があるでしょうか。発達という視点を取り入れることの意義として，ここでは大きく2点を指摘しておきたいと思います。一つは，人間らしく育つために必要な生物学的基盤（種としての人間の特徴，系統発生）について理解すること

です。言い換えれば，「人間らしさ」へのまなざしといってよいと思います。もう一つは，子どもが育つ道筋（一人の人間の成長の道筋，個体発生）とそのために必要な条件・環境を理解することに役立つということです。これらを知ることで，保育者や教師は，それぞれの子どもにとって必要な経験やかかわり，発達に応じた教育の内容や方法について見通しを持ち，考えることができるからです。

（2）保育・教育における発達研究の限界

　発達科学の一領域である発達心理学は，人間の行動を手がかりに，その心の働きが時間の流れ（発達）に沿ってどのように変化していくのかについて，誰にでもあてはまる一定の法則性や原理を探ろうとする科学です。ですから誰の目にも見える行動から，その背後にある心の働きや動きに一定の原則を見つけだそうとします。それはときに私たちが見過ごしてきたものを鮮明に浮かびあがらせてくれます。

　しかし，人間の行動のすべてを説明するものではありません。説明できないことの方がずっと多いのです。人間を相手にする学問や研究の難しさは，それぞれの人間の内的状態や行動ルールが変化することによります。つまり理論的に整理される特徴や発達の筋道があると同時に，個人差が非常に大きいのです。

　保育や教育では，この説明できない部分，個人差も含めて実践することが求められます。事実，子どもの発達や心理的な働きのすべてを理解して保育や教育を行っているわけではありません。子どもとのかかわりの大部分は経験的な知識によって行われているといってよいと思います。

　ですから，発達心理学にかぎらず，現在の科学が説明できない部分を説明可能にする手がかりは保育・教育実践や子どもの姿の中にたくさんあります。また，保育・教育実践は科学研究をあとづけるものではなくて，一歩先を歩いているのだということもできます。

　したがって，発達的な視点を取り入れながらも，それを過信してはならないといえます。そして自分たちの保育・教育実践から学ぼうとすることが必要で

あることを指摘しておきたいと思います。

（3）発達とは何か
　「発達」とは，人の発生，あるいは誕生から死に至るまでの心身の変化の過程をいいます。「成長」とほとんど同じ意味といってよいでしょう。とくに精神的な変化に焦点を当てた場合に「発達」，身体的な変化に焦点を当てた場合に「発育」と使い分けることもあります。また，発達は子どもの年齢と深い関係がありますが，発達はそれぞれの子どもの経験や育った環境などの影響を受けた総合的な変化であり〈発達＝年齢〉ではありません。
　発達とその過程にはいくつかの特徴があります。「発達」という言葉は，望ましい方向をめざすニュアンスと同時に，進歩や向上をイメージさせます。しかし，最近では「生涯発達」という言葉にみられるように，生まれてから死ぬまでの過程をとらえようとするものになっており，単純な進歩や向上を意味するものではなくなっています。また，発達の過程でその行動に現れる特徴には，自己主張や反抗期というようにネガティヴにとらえられるものも少なくありません。こうした点は，保育や教育を考えるうえで配慮すべき重要な点です。
　発達の特徴としては次のようなことが挙げられます。第一に，発達は，たとえば，言葉を話せるようになった子どもは通常話せなくなることがないように，後戻りしない非可逆的な変化です。第二に，発達的変化は，環境の影響を受けない成熟（maturation）と，経験にもとづく学習によって引き起こされる変化があります。第三に，発達は直線的に進むのではなく，いくつかの構造的な節目をもって段階的に進むという特徴があります。そしてこれらの発達的変化は，それぞれの段階が相互に影響し合いながら，連続性を持ち，一人の人間としてのまとまりを保ちながら進んでいきます。つまり，発達は，それぞれの時期でバラバラに育ってきたものがどこかで一つになるのではありません。発達的に先行する段階が，次に続く段階と相互に密接に結びついた連続した過程と考えられます。表面的にはまったく違うように見える変化も，実際には，水面下で相互に深くかかわり合って展開するダイナミックなプロセスを経ると

いうことができます。

（4）人間の発達の特徴——発達の生物学的基礎と有能な赤ちゃん

　保育や教育について考えるとき，人間がどのような特徴を持って生まれてくるのか，それはなぜかを問うことは重要です。

　人間の特殊性についてさまざまな研究が明らかにしてきています。ここでは2つの例を挙げてみてみましょう。

　一つは，野生児や隔離児，比較行動学の研究です。実験的に子どもを通常の生育状況から切り離して他の動物に育てさせたりすることはできません。そのため，何らかの理由で人間社会から切り離されて育った子どもについての研究や人間に近い種である霊長類などの研究が人間の特徴を明らかにしてきました。

　18世紀の末，パリ郊外で発見された野生児（推定12歳）は人々を驚かせました。ヴィクトールと名づけられたその少年は，その後数年間，医師イタールによって系統的な訓練を受けました。しかし，その結果は，日常の生活習慣を身につけることはできたものの，言語，それに基づく思考，高度な感情機能などを獲得することはできませんでした。この事実は，人間の柔軟性や適応力の高さを示唆するとともに，ヒトは人間に育てられなければ人間らしく育たないこと，つまり環境の重要性を指摘するものでした。また，言語機能のように，その獲得にふさわしい時期（「臨界期」または「敏感期」）があり，それを過ぎてしまうと，その獲得が難しいことを示すものでした。

　もう一つは，哺乳類の発生・発達のしかたにある一定の関係に着目して，人間の特殊性について検討したポルトマン（Portmann, A.）（1961）の研究です。ポルトマンは，哺乳類の生まれたときの状態に着目して，「就巣性（巣に座っているもの）」と「離巣性（巣立つもの）」とに分類しました。

　ポルトマンは，哺乳類でも脳髄がわずかにしか発達していないネズミやウサギなどの動物群は，妊娠期間が短く，一度に多くの子を産み，生まれたときには毛が生えておらず，自分で移動することができないなどの特徴をもっており，これらを「巣に座っているもの」と呼びました。それに対して，ウマやサルな

どのより高等な哺乳動物は，脳髄が大きく複雑で，妊娠期間が長く，一度に生まれる子どもの数は1，2匹であり，生まれた子どもは親によく似ており，自分で移動することができます。これらを「巣立つもの」と名づけました。

ポルトマンはこれら哺乳類と人間を比較し，人間は当然，系統発生的には，「離巣性」でなければならないにもかかわらず，その生まれたときの状態はネズミなどと同様，自分で移動することすらできない「就巣性」の特徴をもっていることに着目しました。

ポルトマンは「巣立つもの」としての形成過程をたどり，感覚器官は「巣立つもの」の状態でありながらも，自由に動き回れない未熟な状態で生まれてくる，この矛盾こそ人間の特殊性であると考えました。そして人間に特徴的なこの特性を「二次的就巣性」，その恒常化した早産状態を「生理的早産」と呼んだのです。また，人間がほんとうに「巣立つもの」の状態になるのは，生後1年のころです。ポルトマンは，本来なら母胎内で過ごすはずの1年間を「子宮外の胎児期」と呼び，この期間を自然法則のもとではなく，歴史的法則のもとで過ごすことによって，他の動物にはない言語を獲得し，人間の多様な環境への優れた適応が可能になったと指摘しました。

ポルトマンの指摘は，人間に特有の言語やその優れた適応性や学習能力は，その未熟な状態で生まれ，人間関係の中で育てられることによって獲得されるものであり，人間はそのように進化してきているというものです。「子宮外の胎児期」である生後1年間は人間の発達にとって特別な意味を持っているという指摘でもあります。

こうした生物学的基盤としての人間の特殊性は，近年の乳児研究などでも明らかにされてきています。たとえば，人間の赤ちゃんはおっぱいを飲むとき，ときどき休憩をします。休憩をしてお母さんの声がけを待つのです。これは他の動物（霊長類を含めて）にはけっして見られない行動で，栄養摂取の効率性よりも母親とのコミュニケーションを求めるという点で特別の意味を持つものといえます。また，新生児が人の声の高さの音に敏感に反応することや，母国語のリズムやイントネーションを聞き分けることができることがわかっていま

す。また，エントレインメント（同調行動）と呼ばれる1か月過ぎごろから子どもが発する声に対する母親の応答から始まるやりとりや言葉による話しかけに同調して動くことも知られています。

　これら赤ちゃんの行動は，言葉が使えないながらも，他者（たとえば母親）とのコミュニケーションを積極的に引き出し，その後のコミュニケーションの型を共同でつくり出す働きを持っていると考えられます。人間の赤ちゃんは生まれつき持っている力は限られていますが，持っている力を発揮して周囲にいる人間を引きつけ，身近な人との関係をつくっていく有能さを備えていることが明らかにされてきています。

2　子どもの発達をどうとらえるか

（1）子どもの成長に何を求め，発達はどのように進むか

　人間の発達についてはさまざまな観点から研究がなされており，どのような観点から発達をとらえるかによって見解に違いがみられます。ここでは，いくつかの発達理論をもとに，子どもにどのようなことが求められ，発達がどのように進むと考えられてきたかを振り返ってみたいと思います。

①ハヴィガーストによる発達課題

　ハヴィガースト（Havighurst, R. J., 1900-1991）は，1930年代の米国の中産階級の子どもの理想的発達像から，人間が健全で幸福な発達を遂げるために各発達段階で達成しておかなければならない課題を「発達課題」と定義し，「幼児期（6歳未満）」「児童期（6～12歳）」「青年期（13～17歳）」「壮年初期（18～30歳）」「中年期（30～50代）」「老年期（60代以降）」の6期に分け，それぞれの発達段階で習得しておくべき課題を示しました。幼児期と児童期の発達課題は表2.2.1のとおりです。

　ハヴィガーストの指摘は，生涯にわたる人間の発達と学習の課題を提示し，社会からの要請として教育の具体的目標やいつ学ぶかという適時性を示したという点で評価することができます。

表2.2.1　ハヴィガーストによる発達課題（幼児期，児童期：Havighurst, 1952）

幼児期（6歳未満）	1．歩行の学習（生後9か月～15か月） 2．固形の食べ物をとることの学習（生後2年） 3．話すことの学習 4．排泄の仕方を学ぶこと 5．性の相違を知り，性に対する慎みを学ぶこと 6．生理的安定を得ること 7．社会や事物についての単純な概念を形成すること 8．両親や兄弟姉妹や他人と情緒的に結びつくこと 9．善悪を区別することの学習と良心を発達させること
児童期（6～12歳程度）	1．日常的な遊びに必要な身体的技能の学習 2．成長する生活体としての自己に対する健康な態度を養うこと 3．友達と仲良くすること 4．男子として，また女子としての社会的役割を学ぶこと 5．読み・書き・計算の基礎的能力を発達させること 6．日常生活に必要な概念を発達させること 7．良心・道徳性・価値判断の尺度を発達させること 8．人格の独立性を達成すること 9．社会の諸機関や諸集団に対する社会的態度を発達させること

（出所）　ハヴィガースト（1958）より筆者が作成

②ピアジェによる認知発達理論

　ピアジェ（Piaget, J., 1896-1980）は認知という側面から発達にアプローチし，子どもの思考の発達についての多くの功績を残しています。「認知」とは，人が周りの世界に働きかけたり，そこからの刺激を受け取って事物や事象がどのようなものかについての情報を得たりする一連の「知る」という心的な活動をいいます。彼は，子どもが世界をとらえる「枠組み」を「シェマ」と呼び，新しい経験を既存のシェマに取り込む「同化」と，既存のシェマを作り直す「調節」によって安定した状態（均衡化）に向けて進むプロセスを発達ととらえています。

　そして，認知機能の発達には「感覚運動期（0～2歳ころ）」，「前操作期（2～7歳ころ）」，「具体的操作期（7～12歳ころ）」，「形式的操作期（12歳以上）」の4つの段階があると指摘しています（図2.2.1）。

　ピアジェの子ども研究は個人の発達に焦点を当てたものと言えます。彼の見解は，発達を学習とは独立した過程ととらえ，学習は発達した能力を利用するもので，「発達はつねに学習に先行する」というものです。しかし，その指摘

| 乳児期 | → | 幼児期 | → | 児童期 | → | 青年期 |

前論理的思考段階		論理的思考段階	
感覚運動期	前操作期	具体的操作期	形式的操作期

図2.2.1　ピアジェによる思考の発達段階

は子どもの理解と保育や教育の内容や方法にもさまざまな影響を及ぼしています。ピアジェが示した4つの発達段階，すなわち，子どもが世界について理解をしていく際に，身体的な体験に始まり，具体物を介した学びを経て抽象化された概念的な学びへと進む構造は，現在の教育方法の土台となっています。また，彼が幼児期の思考の特徴として指摘した，他者の視点に立って物事をとらえることが難しく自分の立場にこだわってしまう傾向を「自己中心性」といい，この自己中心性からの脱却（「脱中心化」）は，思いやりや道徳性の獲得につながる幼児期の教育の課題の一つに位置づけられています。

③エリクソンの後成（漸成）説

　自我同一性の研究でも知られるエリクソン（Erikson, E. H., 1902-1994）は，精神分析学の立場から発達にアプローチした人です。彼の発達理論の特徴の一つは他者との関係の中で発達をとらえようとする視点を持っていることです。

　彼によれば，人はそれぞれその人生において一定の危機を迎えるとして，人生を8つの段階に分け，それぞれの段階で相反する傾向が引き合う心理的危機が存在すると指摘しました（図2.2.2）。人間がその人生を幸せに生きていくためには，各段階における他者や社会との関係で生じる心理社会的危機を乗り越えることが重要だと言います。人間にとって重要な課題である自我同一性（Identity）の確立は，他者や社会との関係で形成されるため，対人的な関係の中で経験される社会的感情が人間の発達に大きな意味を持つわけです。エリクソンの指摘する心理社会的危機は，それぞれの発達段階での「発達課題」と言うこともできます。

第2章 子どもを見つめる

老年期								統合性 対 絶望
壮年期							世代性 対 自己陶酔	
成人期						親密 対 孤立		
青年期					同一性 対 同一性拡散			
児童期				勤勉性 対 劣等感				
幼児期後期			自主性 対 罪悪感					
幼児期前期		自律性 対 恥・疑惑						
乳児期	信頼 対 不信							

図2.2.2　エリクソンの心理社会的発達の分化図式
（出所）　濱田（2015）

（2）教育の積極的な意義――ヴィゴツキーによる社会・歴史的発達理論

　ここでは今日の教育に大きな示唆を与えると考えられる2つの理論について学び，保育や教育のあり方にどのように結びつけていけるかを考えてみましょう。

①精神間活動から精神内活動へ

　ヴィゴツキー（Vygotsky, L. S., 1896-1936）は，人間の発達を個人内の問題としてだけではなく，人間の発生や歴史，社会や集団とのかかわりを通して進行するプロセスとしてとらえています。ヴィゴツキーは，人間の精神生活を，その最初から親や仲間などの他者との現実的なかかわりから始まるものととら

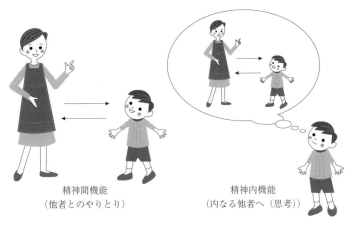

精神間機能　　　　　　精神内機能
（他者とのやりとり）　（内なる他者へ（思考））

図2.2.3　精神間機能から精神内機能へ

えます。そのかかわりを「精神間機能」と呼び，他者とのかかわりで獲得された認識や知識が，個人の中に取り込まれ内面化されていく（「精神内機能」への転化）と考えます。わかりやすくいえば，保育者や教師と子どもとの具体的な言葉などのやりとり（「精神間活動」）が，子どもの思考，感じ方，考え（「精神内活動」）をつくっていくと言うことができます。こうした考えは，社会構成主義と呼ばれ，近年北欧やニュージーランドなどの幼児教育の基礎的な理論として積極的に取り入れられています（図2.2.3）。

②発達の主導的活動

ヴィゴツキーを中心とするソビエト心理学の研究者らは表2.2.2のように発達段階を分け，それぞれの段階において，その発達的効果という点で中心的な役割を果たすと考えられる「発達の主導的活動」を設定しています。

発達の主導的活動がどのように続く段階へとつながっていくかを乳幼児期から順を追って概観してみましょう。

生まれたばかりの赤ちゃんは，生まれ持ったわずかな能力を駆使しておっぱいをもらい，母親との結びつきを強めていきます。とくに，おっぱいを吸う力である「吸てつ反射」など生命維持にかかわる〈反射〉は次第に赤ちゃんの意思と結びつき，また母親とのコミュニケーションのきっかけになっていきます。

表2.2.2　発達の主導的活動

発達段階	発達の主導的活動
乳児期（～1歳半）	大人との直接的・情緒的交流
幼児前期（～3歳）	対象的行為の獲得（大人との共同による道具の使い方や行動様式の獲得）
幼児後期（～6歳）	役割遊び（象徴機能と想像力，人間の行為の一般的意味の理解）
児童期（～12歳）	系統的な学習活動（現実に対する客観的理解，論理的思考の形成）
成年期（～就職）	親密な個人的・人格的交流，職業専門への準備活動
壮年期	労働，専門的活動，子育て

（出所）関口・太田（編著）（2003）p. 26.（一部改変）

　乳児はこうした母親との直接的で情緒的なやりとりを通して，母親に対する信頼感や社会的能力を高め，大好きな母親を他の人と識別するなど認識能力を豊かにしていきます。とくに，母親に対する信頼感をよりどころとして，心を外界に向ける好奇心の萌芽が認められることは重要です。

　乳児期の終わりから，以上のようにしてできてきた母親との関係を基盤として，子どもは母親といっしょに身の回りにあるいろいろな道具の使い方（対象的行為）を身につけ，自分が住む世界と直接かかわる行動の可能性を広げていきます。対象的行為の獲得は，その後ももちろん続きますが，幼児期後期には獲得した対象的行為をベースとしたごっこ遊び（役割遊び）が主導的な活動として展開します。役割遊びは道具の使い方だけでなく，虚構場面の想像，社会的な関係，自己コントロールなどを要求される高度な活動です。

　主に，ごっこ遊びを通して子どもたちが獲得した諸能力は，児童期の系統的な学習へとつながります。ごっこ遊びは，知的好奇心を刺激し，ものの認識，思考，周囲との関係の中で自分の行動を決定するなど，学習の基礎となる「前学力的能力」と言えるさまざまな能力を育てる豊かな教育力を持っています。

　そしてなにより，これら発達の主導的活動が子ども自身の意思，言い換えれば，主体的なかかわりによって行われることに注目してほしいと思います。たとえば，幼児後期にそのまま該当する幼稚園期の教育は「遊びを通して行われること」が原則とされていますが，この遊びの持つ教育的機能が，いつも子どもの遊びに対する主体的なかかわり，心情と結びついていることを意識して保

2-2 子どもの成長・発達とは

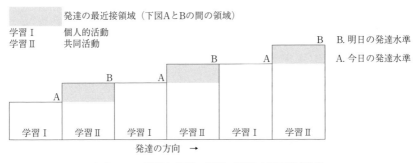

図2.2.4 学習と発達の関係（発達の最近接領域）
（出所） 宮川・星（編著）(1989) p. 192.

育することが必要です。

　以上のことから，それぞれの年齢段階で主導的活動を豊かに経験することが，それに続く子どもの発達を豊かにすると言うことができます。けっして先取りをするのではなく，子どもにとって興味があり，おもしろく，ちょっと背伸びをすればできる活動，すなわち，それぞれの時期に必要と考えられる経験や活動をそのときに十分に経験することにこそ意味があります。発達を理解した保育というのはそういう保育をいうのではないかと思うのです。

③発達の最近接領域

　また，ヴィゴツキーは「発達はつねに学習に先行する」としたピアジェの理論とは異なり，「発達過程は学習過程と一致せず，発達過程は発達の最近接領域をつくりだす学習過程の後を追って進む」と結論づけています。ヴィゴツキーは，発達と学習の関係を理解するために，発達に2つの水準をとらえることが必要であると指摘しています。一つは「今日の発達水準」で子どもが大人や仲間からの援助や指導といった共同活動なしに一人で自律的な活動を通して達成できる水準を言います。もう一つは，「明日の発達水準」で，一人での自律的活動では不可能だが，おとなや有能な仲間との共同によって到達することができる発達水準です。図2.2.4に示したように，この2つの発達水準の間に位置づけられる領域をヴィゴツキーは「発達の最近接領域」と呼びました。彼の考えによれば「今日の発達水準」を強化し新たな発達の最近接領域をつくりだ

すこと，また「明日の発達水準」を「今日の発達水準」に転化させることが教育の役割であると言うことができます。保育や教育は，子どもの発達をただ待つのではなく，「発達の最近接領域」に焦点を当てて，活動を選んだり，方法を工夫して，環境構成や援助，保育者と子どもたちとの共同活動を適切に組織しながら，新たな「発達の最近接領域」をつくりだしていくものです。一般的な言葉を使えば，子どもの状態を的確に把握して，必要な援助をしながら「子どもにちょっと背伸びさせる」ことが大切であると言えるでしょう。

（3）子どもを生活文脈でとらえる視点
――ブロンフェンブレンナーの生態学的心理学理論

ブロンフェンブレンナー（Bronfenbrenner, U., 1917-2005）は，子どもを日常生活という現実的な文脈でとらえる必要性を指摘し，子どもの発達に影響を与え得る環境要因として，その子どもの直近にいる人々や組織から文化やイデオロギーまで，その直接性や近接性という観点からいくつかの異なる水準（システム）があると述べています。また，子どもの発達にともなう環境の変化を時間軸でとらえる必要性を指摘しています（図2.2.5，表2.2.3）。

とくに，たとえば幼稚園に行っていた子どもが小学校に入学する場合のように，発達にともなって生じる「生態学的移行」と呼ばれる生活場面や人間関係を含む大きな環境的変化は，その時期の子どもにとっての発達課題として位置づけることも可能と言えます。

また，生態学的システム理論は，子ども一人の発達を社会とのかかわりでとらえるというだけでなく，母子や家族などを単位として社会とのかかわりを検討するなど子育て支援にも応用されています。人間の発達について子どもの生活する生態学的環境という観点からとらえようとする視点は，子どもや親の育児の問題を検討し，問題解決を図るためにも重要と言えます。

2-2 子どもの成長・発達とは

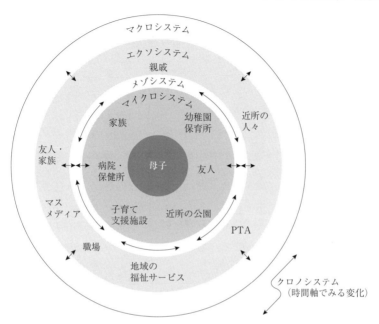

図2.2.5 母子を取り巻く環境システム（例）
（出所） 太田（編著）(2016) p. 21.

表2.2.3 生態学的システム

生態学的システム	内　容
マイクロシステム	親子が直接行動し，関わる場とそこで行われる相互関係の経験。例えば子育て支援の対象となる親子にとっては，家庭や保育所・子育て支援施設等における活動や対人関係など
メゾシステム	マイクロシステムを構成する要素間の相互関係。たとえば，家庭と保育所，幼稚園との関係が構成する経験の場。
エクソシステム	メゾシステムの外側に位置し，母子は直接参加しないが，母子の環境や関係のネットワークに間接的に影響を与える。たとえば，夫（父）の職場環境や居住自治体の子育て支援活動など
マクロシステム	各環境システムの全体的枠組みをなす。文化やイデオロギー，宗教，習慣など親子が生きる社会を支えたり，そこに生きる人々の価値観，子ども観や母親への役割期待など個々人の具体的行動やさまざまな施策に影響する
クロノシステム	時間的流れの中でとらえられる環境システムの変化で生態学的移行をともなう。たとえば幼稚園の入園などによって生態学的環境は大きく変わる。

（出所） 太田（編著）(2016) p. 20.（一部改変）

3　発達理論から保育・教育への示唆

　本項では，以上でみてきた発達諸理論から保育・教育に対して得られる示唆について整理しておきましょう。

（1）子どもは有能で，未来に向けて成長・発達する可能性を持つ存在であること

　子どもは未来に向けて成長する可能性を持った存在であると言えます。しかし，それはたんに未来に向けて準備をするというのではなく，それぞれの時期を充実して生きることがその成長・発達を促し，支えるということに留意することが重要です。保育者が子どもの有能さを認め，それを生かすことで，活動は子ども自身の「したい」「やってみよう」といった必要感や好奇心，内発的動機によって始まり，展開する充実した活動，学びになると言えるでしょう。

　また，保育者や教師には子どもの成長・発達の可能性をふまえて教育する責任があります。林竹二は，子どもの可能性と教師の責任について次のように述べています。心に刻んでおいてほしい言葉です。

> まず私たちが考えておかなければいけないのは，教師が専門家として，充分な力量を備えていなければ，子どもが持っている豊富な可能性の大事な部分を，切り捨てるほかないんだという事実であります。子どもの可能性というものは，引き出されたとき，はじめて現実になる。その引き出すことに対して，教師は責任を持っているのです。子どもが無限の可能性を持っているというのは，単なる言葉の綾ではありません。
>
> （林，1978，pp. 115-116）

（2）発達には段階があり，各段階で獲得が期待される能力があること

　発達に段階があるととらえられることは，子どもの成長・発達が直線的に進むのではないことを意味します。このことを子どもの姿に照らして考えたとき，

2つの点を意識しておきたいと思います。

　一つは，子どもの発達が「量的な充実」と「質的な転換」を繰り返しながら進むと考えておくことです。新しい経験や学習（質的な転換）は，子どもにとって新鮮ですが，その経験を十分に楽しんだり，学習として定着させるには繰り返しの経験（量的な充実）が大切です。子どもに確かな力を育てるためには，「背伸びをする経験」と「いまを楽しむ経験」が重要だと言えます。

　もう一つは，子どもは「揺れながら成長する」ということです。発達は行きつ戻りつ進行します。一度できるようになったからといってその後はいつでもできるというわけではありません。たとえば，親子で子育て支援の場などに行ったとき，1歳くらいの子どもが母親を行動の起点にして新しい環境を探索したり，おもちゃを持ってきたりする姿に象徴的です。振り返って母親の顔をみたり，おもちゃを手にしたら母親の元に戻り，そしてまた出かけていくというように，頼りながら自立に向かっていくのです。愛着関係ができているからといってすべて自立してできるわけではありません。その意味で，愛着と自立は共存して発達を支えます。

　また，幼稚園の3歳児が，制服を着替える場面などでは，朝は自分で着替えられるのに，帰りには「できない」「先生やって」と言うことがしばしばあります。たくさん遊んで疲れて自分で着替えるのが大変なのです。「がんばってできる自分」と「甘えてしてもらいたい自分」の間を揺れながら，「してもらう」ことで，自立へと向かうエネルギーが湧いてくるのです。いつも背伸びをさせ，がんばらせるのではなく，この「揺れ」を受けとめる柔軟性が保育者や教師には大切です。

（3）子どもは他者との交流を通して学び成長する

　子どもはさまざまな人との交流を通して育ちます。保育や教育の場では，保育者や教師などの大人，そして同年齢の友達や異年齢の子どもとのかかわりなどがあります。これらの人びととのかかわりはさまざまなかたちで展開することを意識しておきたいものです。

まず第一に，子どもは観察や模倣を通して多くを学んでいることです。社会的学習といわれる観察やモデリング（他者の行動やその結果を手本にする）などによる学習は子どもの学びの多くの部分を占めていると言えます。したがって，保育者や教師はモデルとしての言動が求められますし，集団の場面では友達に目を向けるよう言葉をかけたり，関心を育てる工夫をしてほしいと思います。

第二に，直接的なかかわりとして，活動や行動をともにしながら体験や感情を共有することです。また，そこでは言葉を介した「精神間活動」を活発に行うことが求められます。子どもが保育者や教師と話したり，子ども同士が話し合う経験，言葉を介してやりとりする経験はそのまま子どもの心や思考を作り上げていくと考えれば，豊かな言葉の交流がある教室こそ，よく考え感性豊かな子どもを育てる教室になると言えるでしょう。

（4）子どもが生きる環境をまるごと捉える

子どもが生きる環境を視野に入れた保育・教育はますます重要になっていくと思われます。というのも，たとえば，「子どもの貧困」「虐待」などの問題は園や学校を離れた子どもの生活環境の問題ですが，子どもの成長・発達に多大な影響を及ぼします。あるいは，子どもの気になる行動や特徴の原因が，養育環境によるものなのか，子どもの器質的な問題なのか判断できないケースなどもあります。これらの問題は，園や学校だけで子どもをみていても解決できないことも多く，子どもの生活全体に目を向けることが求められ，必要に応じて他機関との連携や協力を必要とします。

また，保育者や教師は，子どもがさまざまな課題を抱えていても，それらをまるごと引き受けるという専門性を持っています。その意味では，子どもの障がいなどに専門的にかかわる専門家とは異なるため，子どもが生きる環境を受けとめ，それぞれの子どもにふさわしい環境を創っていく役割もあるのではないでしょうか。

〈もっと詳しく知りたい人のための文献紹介〉

バーク，L. E.・ウィンスラー，A.（著）田島信元・田島啓子・玉置哲淳（編訳）『ヴィゴツキーの新・幼児教育法──幼児の足場づくり』北大路書房，2001年。
　⇨少し難しい内容ですが，いま世界の先進的な保育の理論的根拠となっているヴィゴツキーの理論の特徴とともに保育や教育に具体化するときの基本的な考えや遊びについての見方などを学ぶことができます。じっくり読んで学んでほしい内容です。

神田英雄『0歳から3歳──保育・子育てと発達研究をむすぶ"乳児編"』ひとなる書房，2013年。
　⇨0歳から3歳の子どもの行動とその背景にある心の発達がわかりやすく解説されています。エピソードも豊富で，発達の流れについても理解が深まります。子ども理解が深まると見え方が変わってきます。

〈文　献〉

ブロンフェンブレンナー，U.（著）磯貝芳郎・福富護（訳）『人間発達の生態学』川島書店，1996年。

濱田尚志「乳幼児期から学童期への発達」太田光洋（編）『新版・乳幼児期から学童期への発達と教育』保育出版会，2015年，p. 14。

ハヴィガースト，R. J.（著）荘司雅子ほか（訳）『人間の発達課題と教育』牧書店，1958年。

林竹二『学ぶということ』国土社，1978年。

イタール，J. M. G.（著）古武弥正（訳）『アヴェロンの野生児』福村出版，1975年。

宮川知彰・星薫（編著）『発達段階の心理学』日本放送出版協会，1989年。

太田光洋（編著）『保育・教育相談支援』建帛社，2016年。

太田光洋ほか『子育て支援の理論と実践』保育出版会，2016年。

ポルトマン，A.（著）高木正孝（訳）『人間はどこまで動物か』岩波新書，1961年。

関口はつ江・太田光洋（編著）『実践への保育学』同文書院，2003年。

ヴィゴツキー，L. S.（著）柴田義松・森岡修一（訳）『児童心理学講義』明治図書出版，1976年。

第3章
学びを支援するしくみ

　わたしたちは教育という営為に対して，大別して2つの意味を付与します。一つは，国家や社会に貢献する人材を育成すること，もう一つは，個人の権利としての学びを保障すること，です。この2つは，ときに矛盾します。第3章では，「権利としての学び」そのものの意味を確認し，それを支援する制度および法令の存在意義と課題を考えます。教育基本法や学校教育法を中心とした基本法令や教育行政の機能などを取り上げながら，「権利としての学び」にかかわる平等性や公平性などをどのように実質的に担保しているか，人材育成と権利保障との間に齟齬を来していないかなど，学びを支援するしくみについて考えます。

【キーワード】
義務教育　教育を受ける権利　普通教育　教育基本法　学校教育法　就学義務　懲戒　教育委員会　教育の機会均等　子どもの貧困　オルタナティブ教育　教科書検定　第三者評価

3−1
「権利としての学び」ということ

1　教育を受ける権利

（1）権利を定める法律

　学びを支援するということについて考えるとき，子どもたち（人間）が学ぶことを"権利"としてとらえることの意味について，まず押さえておく必要があります。教育を受けることが権利として認識される歴史的経緯については，すでに第1章で学びました。この節では，子どもたちの学ぶ権利が，こんにち法律および制度によってどのように保障されているかを中心に見ていくことにしましょう。

　子どもたちの学ぶ権利を保障するものとして，義務教育を考えてみます。まず質問です。義務教育の"義務"はだれの，だれに対する義務か，述べてみてください。

　第1章ですでに取り上げましたが，ここで再度引用します。日本国憲法には「教育を受ける権利」として次のように規定されています。

　「すべて国民は，法律の定めるところにより，その能力に応じて，ひとしく教育を受ける権利を有する。」（第26条）

　そして，子どもの教育を受ける権利を保障するものとして，「教育を受けさせる義務」の規定があります。すなわち，「すべて国民は，法律の定めるところにより，その保護する子女に普通教育を受けさせる義務を負ふ」（第26条2）。つまり，"義務"は，保護者（親）のそれであり，子どもに対する義務であるということです。しかし，子どもの教育を受ける権利を保障する義務は保護者

だけでは全うできません。教育には人材（専門的な訓練を受けた教師など）や施設・設備（校舎，教育機器，教材など）が必要ですし，それらを揃えるためには当然ながらお金が必要になります。これらを保護者一人で賄うのではなく，義務の共同化・社会化を行うのです。日本では，教育基本法において，「国及び地方公共団体は，義務教育の機会を保障し，その水準を確保するため，適切な役割分担及び相互の協力の下，その実施に責任を負う」（第5条3）と規定し，機会の保障，水準の確保等を国および地方公共団体の責任によって実施するとしています。「義務教育は，これを無償とする」（憲法第26条2）や，「経済的理由によって修学が困難な者に対して，奨学の措置を講じなければならない」（教育基本法第4条3）は，まさに経済的な側面における責任を定めています。また，「すべて国民は，ひとしく，その能力に応じた教育を受ける機会を与えられなければならず，人種，信条，性別，社会的身分，経済的地位又は門地によって，教育上差別されない」（教育基本法第4条）や，「障害のある者が，その障害の状態に応じ，十分な教育を受けられるよう，教育上必要な支援を講じなければならない」（教育基本法第4条2）は，機会の確保の責任を定めています。そのほかの具体的なことがらとしては，学校の設置義務（学校教育法第38条，同第49条等），就学義務（同前第17条），就学援助（教育基本法第4条3，学校教育法第19条），避止義務（学校教育法第20条），義務教育費国庫負担制度，義務教育学校標準法などがあげられ，それらが義務の共同化・社会化を実質化することを支えています。ここでは，まず就学義務と就学援助について説明しましょう。

（2）就学義務とは

　まず，就学義務についてです。当該国の義務教育制度を検討する場合，就学を義務づける就学義務か，必ずしも就学を求めない教育義務か，いずれの義務教育制度を採用しているかは，重要な指標となります。日本の場合は，日本国憲法および教育基本法において「その保護する子に…（中略）…普通教育を受けさせる義務」（教育基本法第5条）を規定し，学校教育法で「九年の普通教育

第3章　学びを支援するしくみ

を受けさせる義務」(第16条)，ならびに「就学させる義務」(第17条) を規定して，就学義務を採用しています。17条の具体的内容は次のとおりです。

「保護者は，子の満六歳に達した日の翌日以後における最初の学年の初めから，満十二歳に達した日の属する学年の終わりまで，これを小学校，義務教育学校の前期課程又は特別支援学校の小学部に就学させる義務を負う。」

この就学義務は，学校の設置義務や避止義務 (学齢児童・生徒の使用者の義務，つまり労働者としての子女の使用の制限，学校教育法第20条) とともに，学ぶ機会の確保を支えるしくみとして捉えることができます。

しかし，こんにち学校の文化や学びに不適応を来す子どもたちへの対応が重要な課題となっており，その課題解決に向けた検討の中で，就学義務の見直しが行われようとしています。つまり，従来のように学ぶ権利の保障と就学義務とを一体的にとらえるのではなく，学校で学べない子どもの学ぶ権利を保障しようという動きです。就学義務の見直しについては，次節「4　学びの多様性」で述べます。

（3）就学援助とは

また就学援助は，「奨学の措置」を実質化するもので，「市町村は，必要な援助を与えなければならない」(学校教育法第19条) とされ，経済的理由により就学が困難な児童生徒 (要保護者および準要保護者の子女) に，学用品費や学校給食費，修学旅行費などを援助する制度です。文部科学省によれば，2013年度の就学援助率は2005年に調査を開始して以来はじめて前年度より減少したとは言え，15.42％で約6人に一人が就学援助を受けていることになります。就学援助制度は，各市町村において学校もしくは教育委員会から制度案内書が配布され，希望者が申請書を提出することによって具体的措置が開始されるようになっています。就学援助費目には，学用品費，修学旅行費，通学用品費，校外活動費などがあります (文部科学省，2015)。

しかし，2016年現在においても，この就学援助制度を知らない保護者が少なくないことが報告されています。就学援助の実施主体が市町村になっているた

め，各市町村によって援助の基準等が異なることもあり，市町村がこの制度に関する情報を十分に開示し説明する責任を果たすことが必要です。

また，幼稚園教育では，各地方公共団体が当該地域の幼稚園教育の新興と保護者の負担軽減を目的として，幼稚園入園料や保育料の減免などの措置を講じています。たとえば，大阪府寝屋川市では，公立幼稚園および私立幼稚園に通園する3歳児〜5歳児を有する市在住者で，経済的に困難な世帯に対して幼稚園保育料の減免や補助金の交付を行ったことが報告されています。

保育所では，保育料を徴収する場合に，児童が属する世帯の市町村民税または所得税の額によって階層区分が定義され，各階層に定められた保育料を徴収することになっています。階層区分は，国の基準（2015年度）では8階層に区分されていますが，各地方公共団体では国の基準を参考にして地域の事情等を加味し設定しています。この保育料徴収基準額の設定は，経済的に困難な世帯等には負担軽減の措置となっています。

2　普通教育の意味

（1）普通教育を定める法律

「すべて国民は，法律の定めるところにより，その保護する子女に普通教育を受けさせる義務を負ふ」（傍点は引用者）。これは先ほど「権利としての学び」でふれた「教育を受けさせる義務」（日本国憲法第26条2）の規定ですが，ここであらためてこの規定を持ち出したのは，普通教育という意味を考えたいからです。普通教育という語句は日本国憲法のほか，教育基本法，学校教育法にも記されています。教育基本法では，こうです。「国民は，その保護する子に，別に法律で定めるところにより，普通教育を受けさせる義務を負う」（第5条）。「義務教育として行われる普通教育は，各個人の有する能力を伸ばしつつ社会において自立的に生きる基礎を培い，また，国家及び社会の形成者として必要とされる基本的な資質を養うことを目的として行われるものとする」（第5条の2）。また学校教育法では，「保護者は，…（中略）…子に九年の普

通教育を受けさせる義務を負う」（第16条，義務教育年限），「小学校は，…（中略）…義務教育として行われる普通教育のうち基礎的なものを施すことを目的とする」（第29条，小学校の目的），「中学校は，小学校における教育の基礎の上に，…（中略）…義務教育として行われる普通教育を施すことを目的とする」（第45条，中学校の目的），「高等学校は，…（中略）…高度な普通教育及び専門教育を施すことを目的とする」（第50条，高等学校の目的）。

　ずいぶんと引用をしましたが，以上の法規定からは，普通教育が義務教育を中心として行われること，また専門教育や職業教育と対置される概念であること，がわかります。それではつぎに，義務教育としてなぜ普通教育が行われるのか，その意味を考えましょう。

　ルソーは著書『エミール』の中で次のように言っています。

　「自然の秩序の中では，人間はすべて平等なのだから，人間の共通の天職は人間であることである。…（中略）…両親の職業をつぐ前に，自然は人間として生きることを子どもに命ずる。生きるということこそ，わたしがかれらに学んでもらいたいと思う職業なのだ。」（ルソー，2015，p. 38）

　このことは，子どもたちの学びにおいてまず保障しなければならないのは，職業準備のための知識・技能ではなく，人間として共通のもの，すなわち日本国憲法（第25条）に規定する「健康で文化的な最低限度の生活」（いわゆる生存権）であること，を述べているととらえることができます。これを教育する側から言うならば，すべての人間が人間として生きること，そして健康で文化的な最低限度の生活を送ること，さらには幸福を追求すること，これらを保障されるためにはどのような教育（内容）が用意されるべきかを考えなければなりません。小学校学習指導要領（2008年版）の冒頭では，教育活動において「生きる力」の育成をめざすことが明記されていますが，「生きる力」の意味をこの普通教育の意味と重ね合わせてほしいと思います。また，「生きる力」の基礎を培う保育においても，あらためてルソーの「自然は人間として生きることを子どもに命ずる」という言葉の意味を確認してほしいと思います。保育所保育指針は，「子どもが現在を最も良く生き，望ましい未来をつくり出す力の基

礎を培う」(傍点は引用者) と記しています。

(2) 普通教育とキャリア教育

このように普通教育の意味を考えるとき，こんにちその意義が強調されている「キャリア教育」との関係はどのように考えたらいいでしょうか。

キャリア教育は次のように定義されています。

「一人一人の社会的・職業的自立に向け，必要な基盤となる能力や態度を育てることを通して，キャリア発達を促す教育。」(中央教育審議会答申, 2011)

キャリア教育は，日本では今世紀に入る直前にその必要性が公的に提案されました (中央教育審議会答申, 1999)。その背景には，第一に情報技術の急速な発展やグローバル化などによって生じた学校教育―就職関係の変容があります。具体的には，学校の教育内容および方法と産業界の求める能力との不適合，雇用システムの変化 (あるいは雇用形態の多様化，もっと直截にいえば"非正規雇用"の普遍化) などです。第二に，子どもにとって将来の自分を描くためのおとな (職業) モデルが見つけ難くなっていることです。このことはすでに以前から指摘されていることですが，第一の背景と相俟ってこれまでにも増して強調されています。

さて，以上のような背景のもと，21世紀に入ってから矢継ぎ早にキャリア教育に関する一連の調査分析報告や政策文書が出されることになります。たとえば，「児童生徒の職業観・勤労観を育む教育の推進について (調査研究報告書)」(国立教育政策研究所, 2002)，「児童生徒の一人一人の勤労観, 職業観を育てるために」(文科省報告書, 2004)，「小学校キャリア教育の手引き」(文科省, 2010) などです。これらの経緯をへてキャリア教育は，学校教育法改正などの法的手続きを踏んだのち2008年公示の学習指導要領に盛り込まれることになりました。

「小学校キャリア教育の手引き」によれば，小学校におけるキャリア教育は，キャリア発達課題の設定に応じて各学年各教科および領域の中で実践されるように企図されています。「手引き」には千葉市のキャリア教育モデルプランが

例示されていますが,子どものキャリア発達を促す能力および態度として,「人間関係形成能力」,「情報活用能力」,「将来設計能力」,「意思決定能力」,「生命尊重意識」の5つが掲げられ,学年ごとに教科・領域における活動例が示されています。その内容は職業観や勤労観に直接関連するものもありますが,むしろ「汎用的・基礎的能力」(本田,2009)であり,「『生きる力』や『人間力』をつけるためのもの」(同前)です。

ここで確認したいことは,従来の普通教育にキャリア教育が新たに付加された学校教育の現在をどのようにみるか,ということです。キャリア教育の提唱の背景には,さきほどみたように学校教育と社会との接続のズレや子どもの成長過程におけるモデルの不在あるいは希薄さなどが挙げられますが,このことは換言すれば,現代の情報化,グローバル化が進展する社会においては,従来の普通教育の内容および方法では,人間として生き,健康で文化的な最低限度の生活を保障するに十分ではなくなった,ということでしょうか。

3　学ぶ場における子どもの人権と懲戒

(1) 懲戒とは

みなさんは,懲戒という言葉を知っていますか？ 学校教育法には,次のような規定があります。

「校長及び教員は,教育上必要があると認めるときは,文部科学大臣の定めるところにより,児童,生徒及び学生に懲戒を加えることができる。ただし,体罰を加えることはできない。」(第11条)

この規定にいう「文部科学大臣の定めるところ」とは,学校教育法施行規則のことであり,そこには次のような規定があります。

「校長及び教員が児童等に懲戒を加えるに当つては,児童等の心身の発達に応ずる等教育上必要な配慮をしなければならない。」(第26条)

また,同規則では,懲戒のうち,退学の処分の対象としては,「公立の小学校,中学校,義務教育学校又は特別支援学校に在学する学齢児童又は学齢生徒

を除き」（第26条3）と定めています。私立学校は除外対象に入っていません。また停学の処分は，学齢児童および学齢生徒は対象としていません。

　この一連の規定や文部科学省の通知等によれば，懲戒は，法的効果をともなうものとともなわないものとに区別されます。前者は，退学，停学および訓告などです。そして後者は「事実行為としての教育的措置（懲戒）」と呼ばれるもので，具体的には，叱責する，放課後残留させる，教室内に立たせる，学習課題や掃除当番を課すなどです。

　実際の学校現場では，法的効果を伴わない懲戒が体罰に当たるかどうかが，ときに問題になります。つまり，体罰の範囲をどのように考えるかということです。まず確認しなければならないのは，学校教育法（第11条）に定める体罰の禁止は，子どもの基本的人権の尊重に裏づけられたものであるということです。このことは，「子どもの権利条約」に謳われている次の条文とも密接な関連があるはずです（傍点は引用者）。

　「締約国は，学校の規律が児童の人間の尊厳に適合する方法で及びこの条約に従って運用されることを確保するためのすべての適当な措置をとる。」（第28条）

　さて，体罰の範囲に関連していくつかの判例をみると，「有形力の行使」という語句が使用されています。これは，教師は必要に応じ一定の限度内で有形力を行使できる，という判断のことです。有形力とは，懲戒の方法として説諭など口頭での指導では効果がないと判断された場合に行使される，既述の立たせる，宿題や当番を課すなどの行為です。この有形力と体罰とを区別するものが，児童の人間の尊厳に適合するか否か，学習権（教育を受ける権利）を侵害していないかどうかの判断です。このことに関してよく示される具体的事例に，授業中廊下に立たせることは体罰に当たるか？　という問いがありますが，この問いには一般的に「体罰に当たる」と答えます。その理由は，廊下に立たせることは，教室外に児童生徒を出すこと，つまり学習権を奪うことになるという判断です。教室内であれば体罰に当たらないことになります。

　「児童の出席停止」の規定についても少しふれておきましょう。この規定は

学校において「性行不良であつて他の児童の教育に妨げがあると認める」児童がある場合，教育委員会がその児童の保護者に対して児童の出席停止を命じることができることになっています（学校教育法第35条）。いじめ防止対策推進法（第26条）はこの規定にもとづいて，いじめを行った児童の保護者に対して同様に命じることができるとしています。これらはいずれも，児童が安心して教育を受けられるようにするための措置です。

（2）教師の守秘義務

これまで述べてきた懲戒とは意味合いが異なりますが，学ぶ場における教師の守秘義務も，子どもたちの人権や彼らが安心して学ぶ場所を保障するために重要なことです。教師の守秘義務にかかわる規定は，地方公務員法に次のように定められています（傍点は引用者）。

「職員は，職務上知り得た秘密を漏らしてはならない。その職を退いた後も，また，同様とする。」（第34条）

公立学校の教師は地方公務員ですから，当然この規定の対象となります。職務上知り得た秘密とは，教師が児童生徒の指導上一般には知ることのできない家庭の事情等を知ることがありますが，その情報が他者に漏れることによって当該者に不利益となるものを指します。

また，保育所保育指針の中にも，「保育所は，入所する子ども等の個人情報を適切に取り扱う」よう努めるべきことが，社会的責任として示されています。さらに，全国保育士会倫理綱領（2003）においても，「保育を通して知り得た個人の情報や秘密は守ります」と謳っています。

このように教師や保育者が遵守すべき守秘義務は，子どもの人権を尊重することの基本的責務であることをあらためて確認しなければなりません。こんにち，情報化がさらに進展し，かつ保育・教育機関の情報公開が求められている中で，いっそう適切な対応が必要です。

〈もっと詳しく知りたい人のための文献紹介〉

鈴木翔『教室内（スクール）カースト』光文社新書，2012年。
　⇨いじめや不登校の原因と考えられる教室における児童生徒集団内の「権力」関係を，教師や生徒のインタビュー調査やアンケート調査などを資料に具体的に描いています。その「権力」構造を読み取りながら，法令とは別次元の，学校および学級における児童生徒や教師の人権意識の在りようなどに言及しており，考えさせられる書です。

大村敦志・横田光平・久保野恵美子『子ども法』有斐閣，2015年。
　⇨子どもに関する法律には，たとえば少年法や児童福祉法などがすでに存在しますが，本書は「子ども」を全体として捉え，既存の関連法規を総括する「子ども法」を志向して書かれたものです。子どもの人格，家族の形成および動揺と子ども，いじめなどに関して，子どもが日常遭遇することが多い問題が事例として示され，それに関連する法令を取り上げながら解説を行っています。

〈文　献〉

中央教育審議会「今後の初等中等教育と高等教育の接続の改善について（答申）」1999年12月16日。
中央教育審議会「今後の学校におけるキャリア教育・職業教育の在り方について（答申）」2011年1月31日。
本田由紀『教育の職業的意義』ちくま新書，2009年。
文部科学省「「平成25年度就学援助実施状況等調査」等の結果について」2015年10月6日。http://www.mext.go.jp/b_menu/houdou/27/10/1362524.htm （2016年7月25日閲覧）
ルソー，J. J.（著）今野一雄（訳）『エミール（上）』岩波書店，2015年。

3-2
学校教育のしくみ

　本節では，前節3-1での「権利としての学び」の意味を踏まえ，それを実質化する学校のしくみについて考えます。また，個々の人間の尊厳を支えることだけでなく，学校教育には，国家，産業界，地域社会などによる多様な要請が向けられています。「権利としての学び」を支えることと国家・社会の要請に応えること，この両者に対応する学校教育のしくみについて考えてみましょう。

　具体的には，学校教育を支える教育行政の役割，学校教育の質の確保を保障する基準，教育の機会均等を保障する学校体系，学ぶ内容を保障するしくみ，学校運営を支える他機関等との連携，これらが本節で取り扱う内容です。

1　教育行政の役割

　教育行政とは，教育法令および政策を具現化するための具体的基準の設定，教育施設設備等の設置，維持，管理等の機能を果たすことによって，めざす教育のための諸条件の整備を行なうことです。日本の場合，教育行政は中央教育行政（文部科学省）と地方教育行政（教育委員会）に分けられています。

　教育基本法では教育行政について以下のように定められています。「①教育行政は，国と地方公共団体との適切な役割分担及び相互の協力の下，公正かつ適正に行われなければならない，②国は，全国的な教育の機会均等と教育水準の維持向上を図るため，教育に関する施策を総合的に策定し，実施しなければならない，③地方公共団体は，その地域における教育の振興を図るため，その実情に応じた教育に関する施策を策定し，実施しなければならない，④国及び

地方公共団体は，教育が円滑かつ継続的に実施されるよう，必要な財政上の措置を講じなければならない。」(教育基本法第16条) また，地方教育行政については，「地方教育行政の組織および運営に関する法律」(以下「地教行法」と略称) によって，その組織および運営の基本のほか，教育委員会の設置や学校等の職員の身分取り扱い等を定めています。

　戦後まもなく，教育委員会法 (1947) によって設置された教育委員会は，教育の自主性を基本理念とし，一般行政 (政治) からの独立を旨として組織，運営されるようスタートしました。また教育委員会は，専門家による指導性の発揮と民衆の声や意見の尊重 (民衆統制，layman control) とを調和させる民主的組織として企図されました。しかし，「地教行法」(1956) 施行以降，都道府県・市町村の首長による教育委員の任命制や，首長による教育長の任命承認制などの実施が教育委員会の自主性や民主化という理念の実質化に影響を与えることとなりました。そして，地教行法の改正 (2014) によって，首長が教育長 (従来の教育委員長と教育長を一体化した) を任命し，首長が主催する総合教育会議において当該の自治体の教育方針や教育施策等が決定されるようになりました。このような教育委員会の組織および運営は，学校をはじめ教育現場に生起する問題に対して的確に，かつ迅速に対応するリーダーシップやガバナンスを発揮することが期待されています。いっぽうで教育の自主性や民主化はどのように保障されるでしょうか。

　みなさんは，出身自治体や関心のある自治体の教育委員会が具体的にどのような仕事を行っているか，知っていますか。「地教行法」の一部改正 (2008年4月施行) により，教育委員会は毎年，その権限に属する事務の管理および執行の状況について点検・評価を行い，報告書を作成し情報公開の一環として広く市町村住民に公開することになりました。したがって，当該自治体またはその教育委員会のホームページで各年度に教育委員会がどのような目的・目標のもとに，具体的にどのような仕事を果たしてきているか，を確認することができます。試しに出身自治体の教育委員会のホームページを覗いてみてください。たとえば，学力の向上に向けて，児童生徒の不登校等への対応・措置について，

あるいは特色ある学校づくりについて，等々具体的な施策の内容，ならびに成果や課題が公表されています。

2　学校や保育機関の質の確保

(1) 物的・財政的環境の質の確保

　文部科学省の学校基本調査（2015年12月公表）によれば，2015年度の全国の幼稚園数は11,674園，小学校数は20,601校，中学校数は10,484校です。また保育所数は約23,000か所あります。これらの学校や保育機関が，その保育・教育に一定の質を確保するために設置基準が定められています。

　たとえば小学校には，小学校設置基準があります。この基準は，小学校を設置するのに必要な最低基準として定められており，その主な内容は，一学級の児童数などの学級の編制，教員の数，校舎や運動場の面積などの施設・設備，などです。また，幼稚園には幼稚園設置基準が，中学校には中学校設置基準があり，ほぼ同様の内容です。また，設置基準のほかに「公立義務教育諸学校の学級編制及び教職員定数の標準に関する法律」（1958，一般に「義務教育学校標準法」あるいはたんに「標準法」と略称されることも多い）があります。この標準法は，苅谷（2009）によればつぎのように説明されています。

　「義務教育段階の小中学校における，学級定員の上限を定めることで，児童生徒数に応じた学級数の算定を可能にし，それをもとに必要な教職員の数を算出する，その根拠を義務教育の全国的な基準として定めた法律である。」（苅谷, 2009, p. 126, 傍点は引用者）

　標準法では，小学校を例にとると，「同学年の児童で編制する学級では一学級40人（第一学年の児童で編制する場合は35人）」，「二の学年の児童で編制する学級は16人（第一学年の児童を含む場合は8人）」などのように学級編制の区分と一学級の上限の児童数を定め，それによって算出される学級数の多寡によって「学校規模」を区分し，学級規模に応じて教職員の配置数が決定されるようになっています。

もう一つ，義務教育費国庫負担法（1952年制定，2008年に改正）についても説明しておきましょう。この法律は，教職員の確保と適正配置ならびに質の向上を実現するため必要な財源を確保することを定めたものです。簡単に言えば，市町村立小中学校の教職員の給与費を都道府県負担としたうえで，その都道府県が実支出した額の原則三分の一を国が負担するもので，このときの教職員の数の算出が先ほどの標準法によってなされるのです。以上のような標準法と義務教育費国庫負担法の両者が合わさって，義務教育の質の確保と公平性の保障が実質化されたと言えるでしょう。

また保育所については，児童福祉施設の設備及び運営に関する基準（児童福祉施設最低基準）に定められています。その内容は，やはり上記の学校の設置基準とだいたい同じですが，設備の基準，保育内容，保育士等の職員の数のほか，保護者との連絡や，保育の質の確保のための自己評価ならびに第三者評価の実施も含まれています。

(2) 人的環境の質の確保

保育および教育機関の物的環境ならびに財政的環境の整備については以上述べたとおりですが，人的環境の質の確保についても押さえておきましょう。

教育および保育機関には専門職としての教職員あるいは保育士等が配置されます。その配置数についてはさきほどふれたように設置基準等において定められていますが，その質の確保に関しては，教職員の場合，教育職員免許法（以下，「教免法」と略称）や教育公務員特例法（以下，「特例法」と略称）が，そして保育士の場合は児童福祉法が主たる法的根拠となります。

教育職員免許法は，「教職員の資質の保持と向上を図る」ことを目的に定められています。教育機関に配置される教職員は，文部科学省によって認定された（課程認定を受けた）養成機関において教免法に規定された科目を履修し卒業することが，教員免許状を取得する要件となっています。また保育士は，児童福祉法に定められているとおり，指定保育士養成施設を卒業し所定の単位を修得した者，もしくは保育士試験に合格した者が保育士登録証を取得すること

によって担うことができます。したがって，教職員や保育士の質として，養成機関の質，免許状あるいは保育士資格の授与の厳格性，そして教職員や保育士志望者の資質・能力が求められるということです。なお，指定保育士養成施設については，児童福祉法施行規則にその要件等が定められています。

さらに，現職の教職員あるいは保育士には研修が課せられています。特例法には，「教育公務員は…（中略）…絶えず研究と修養に努めなければならない」（第21条）ことが定められ，任命権者に対して初任者研修，十年経験者研修などの実施が義務づけられています。このほかに，教員免許更新制があります。教員免許状に有効期間（10年）が設けられており，有効期間満了時には免許更新のための講習を受講・修了しなければなりません。保育士に関しては，上記の教職員の研修とは異なり，研修制度がまだ確立されていません。ただし，自己評価や第三者評価において研修の実施が評価項目に設定されています。また，厚生労働省は「保育を支える保育士の確保に向けた総合的取り組み」（2013）の中で研修にふれていますが，それは保育士の確保（就業中保育士の離職防止や再就業者支援）がまず念頭にあります。保育所保育指針の中で「職員の資質向上」の章（第7章）が設けられており，「職員の研修等」において次のように示されています。

「職員は…（中略）…自己評価に基づく課題等を踏まえ，保育所内外の研修等を通じて，必要な知識及び技術の修得，維持及び向上に努めなければならない。」

また，このための必要な環境の確保ならびに援助や助言に努めることが，施設長の責務として示されています。

3　教育の機会均等のしくみ

（1）法および制度による機会均等の保障と現実

学校体系という言葉がありますが，これは学校制度において初等教育から中等，高等教育へと進学するときにどのような接続の仕方を採用しているか，この説明に使用されるものです。複線型学校体系と単線型学校体系の2つに大別

されます。複線型は，上流階級と一般庶民階級との間で，あるいは男女の間で進学の経路が分離されている制度のことをいいます。単線型は，原則として階級や性別等によって進学経路が分離されない制度です。戦前の日本は複線型でしたが，戦後（1947年〜）は，6・3・3制の単線型学校体系を採用しています。

　教育基本法では，「すべて国民は，ひとしく，その能力に応じた教育を受ける機会を与えられなければならず，人種，信条，性別，社会的身分，経済的地位又は門地によって，教育上差別されない。」（第4条）と，教育の機会均等を規定していますが，単線型学校体系はこの規定の実質化をめざす制度です。また前項で紹介した義務教育学校標準法や義務教育費国庫負担法も，全国の義務教育諸学校の教育資源配置を公平化することや，自治体の財政的力量の差異が教育格差につながらないようにすることで，教育の機会均等の実質化を支えるしくみとなっています。

　しかし，教育の機会均等は，こんにちの日本でははたしてどの程度実現しているでしょうか。「その能力に応じた教育」は国民に保障されているでしょうか。また，「経済的地位又は門地」によって差別されていないでしょうか。能力に応じた教育が，一人ひとりの個性や可能性を最大限に伸ばせるような教育であるとすれば，障がいをもっていたり，あるいは学校教育に違和感を感じたり不適応を起こしたりする，などの子どもたちに対応する教育が保障されているかどうか。また，子どもの貧困の問題がむしろ深刻さを増しているこんにち，子どもの進学に単線型制度がめざすものとは異なるもの，すなわち進学経路の分離が生じています。

　OECD（経済協力開発機構）の調査では，日本の小学校から大学までの教育機関に対して投資される公的支出（2012年）はGDP比3.5％で，他のOECD加盟国に比べてかなり低いことが報告されています。因みに，OECD加盟国の平均は4.7％，GDP比が高いのはノルウェー6.5％，フィンランド5.7％です（OECD, 2015）。ただ，日本の公的支出の低さは，高等教育段階での家庭負担が重いことにその多くの要因があるとされています。たとえば，大学の授業料が高い水

準にあるにもかかわらず，奨学金の大部分が貸与型であり，利用しづらくなっていることも指摘されています。それでは就学前の教育（保育）や義務教育に対する公的支出が十分であるかというと，残念ながらそれも否定せざるを得ません。とくに，以下に述べる「子どもの貧困」への対応は重要な課題です。

（2）子どもの貧困への対応

　子どもの貧困と教育の機会均等の問題について少し考えてみましょう。まず子どもの貧困といわれる状況を把握してください。「子どもの貧困」がマスメディアで取り上げられ政策論議の対象とされるようになった主たる契機は，OECDの調査公表（2008）によるものと言われています。その後ユニセフ，さらに厚生労働省による報告書も公表されました。それらはいずれも，日本における子どもの相対的貧困率が14％を超えていることを示しています。子どもの貧困と教育との関連を示す数値として，就学援助率があります。就学援助についてはすでに本章前節において取り上げていますが，日本の就学援助率は15％を超えているのが現状です。家庭的・社会的要因によって貧困の状態に置かれた子どもは，その生活と教育のさまざまな場面，たとえば朝食など栄養の摂取，文化的資源の提供，家族間のコミュニケーション，学校の成績，欠席率，塾・習い事などに負の状態を強いられる傾向があります。それは彼らの進学および就職経路に多大な影響を与えるでしょう。

　図3.2.1は，さまざまな文化的資源などの違い（格差）を抱えさせられている子どもたちが，学校というフィルターを通して格差を解消される，そのような理念が学校教育にあることを示しています。幼稚園・保育所も同じように考えることができます。格差のゆえに家庭だけではなかなか提供することが困難な文化的資源や人的資源などを幼稚園，保育所，および学校が積極的に提供して子どもの学びを支えていくのです。

　子どもの貧困という事態の中で，教育の機会均等という理念の実質化に対する国および教育行政の支援が問われています。「子どもの貧困対策の推進に関する法律」（子どもの貧困対策法，2013）はその支援の一つですが，今後の実質

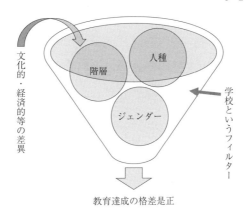

図3.2.1　格差是正を果たすフィルター

化のゆくえを注視しなければなりません。対策法の「目的」（第1条）には次のように定められています。

「子どもの将来がその生まれ育った環境によって左右されることのないよう、貧困の状況にある子どもが健やかに育成される環境を整備するとともに、教育の機会均等を図るため、子どもの貧困対策に関し、基本理念を定め…（後略）…。」

また、「基本理念」（第2条）には、「子どもの貧困対策は、子ども等に対する教育の支援、生活の支援、就労の支援、経済的支援等の施策を」講ずる、と定められており、教育、生活、就労、および経済の各領域にわたる多角的・総合的な支援がめざされています。

民間でも、個人の篤志家やNPO法人などによって子どもの学習支援や生活支援が行われています。ある元教師は、私財を投じて「支援ハウス」を創り小中学生の学びや食を支える活動を始めました。元教師は、在職中に「食事が満足に取れない子どもがいるいっぽうで、年間に100万円以上塾代にかけて学ぶ子どもがいる」格差を目の当たりにして、退職後はやり残した仕事をするそうです（「朝日新聞」2016年4月8日朝刊）。次章では、子どもの学びを支える人びとについてふれます。この元教師のような人びともそこに位置づけられるで

しょうが，やはりこの項では，格差是正のしくみを創るものとして，先ほどの「子どもの貧困対策法」の理念の実質化が今後どのように進められるか，強い関心を払うべきです，と述べておきましょう。

4　学びの多様性

（1）多様な学びのための新たな制度

　学びの多様性ということについて考えてみましょう。第1章で日本の学校教育の歩みについて述べましたが，その際，高度経済成長期後（とりわけ1980年代以降）の学校教育の動揺についてふれました。具体的には，学校不適応あるいは学校教育への不信などを表現する子どもたちの出現です。文部科学省によれば（文部科学省初等中等教育局児童生徒課，平成26年度「児童生徒の問題行動等生徒指導上の諸問題に関する調査」，2015年9月），小・中学校における不登校児童生徒数の合計は122,902人（小学校25,866人，中学校97,036人，在籍者数に占める割合としては1.21%（小学校0.39%，中学校2.76%）です。不登校になった原因としては，不安など情緒的混乱29.8%，無気力25.9%，いじめを除く友人関係をめぐる問題14.5%など，が報告されています。不登校の児童生徒数は，20年近く10万人を超える状況が続いています。このような状況のもと，子どもたちが学校以外の場所で学ぶこと，つまり学びの多様性を認めるか否かの議論が進められています。

　この議論は，義務教育のしくみとして就学義務，教育義務のいずれを採用するかという問題にかかわります。たとえば，「多様な教育機会確保法案」（あるいは「不登校対策法案」などとも称されています）が超党派の国会議員連盟によって準備されていますが，それによれば，保護者によって子どもの「個別学習計画」が作成され，教育委員会がそれを認め，そして「計画」に沿って学習が行われれば，学校に就学しなくとも義務教育を修了したこととする，とされています。個別学習計画では，フリースクールでの学びや家庭学習（ホームエデュケーション）など，多様な学びの場が可能となっています。このようなことが

徐々に認められるようになり，オルタナティブ（alternative）教育という概念が認知されるようになったのは，1990年代だと言われます。オルタナティブ教育は，代替教育などと直訳されることがありますが，日本では学校教育法の「一条校」に属さない非正規の教育機関およびそこでの教育のことを言い，上記のフリースクールやインターナショナルスクール，ホームエデュケーションなどを指します。この"非正規"として括られた学びの場が，従来の学びの場（学校教育）に加えて，子どもの学びを保障するものとして考えられてきています。

さらに，6・3・3制の学校制度にも変化が見られます。中学校と高校の一貫制はすでに中等教育学校として制度化されていますが，今度は小学校と中学校を9年一貫の義務教育学校（小中一貫教育学校，あるいは小中一貫型小中学校）として制度化することとなりました。

（2）新たな制度の課題

ただし，多様な学びを提供する制度は，その設計や運用にあたって，財政的しくみをどうするか，あるいはまた多様な学びを提供する主体の質の確保をどのように担保するかなど十分な検討が必要です。学びを提供される側に受益者負担を強いたり，提供する側の営利性を認めたりすることによって，経済的・文化的に恵まれた環境にある人びとのほうが多様な学びを享受できるようになり，むしろ格差が拡大する可能性もあるということは留意しておくべきでしょう。

その意味で，近年の大学入試改革で議論されている"人物重視の入学試験"の実施には慎重であるべきだと考えます。人物重視というのは，筆記試験を中心とした選抜ではなく，大学受験に至るまでの本人の学びのプロセスを，ボランティア活動など多様な活動への参加状況や，語学その他の特別な技能習得の状況などによって評価する方法ですが，これらの多様な活動や技能習得は，経済的・文化的に恵まれた人びとのほうがどうしても有利になります。前項の「教育達成の格差是正」（図3.2.1）を思い起こしてください。文化的資源などの違いをもつ子どもたちが，学校というフィルターを通ることによって就職そ

の他の自己実現や社会貢献の可能性を獲得する,そうした役割を果たすはずの学校の入学者選抜に際して,文化的資源などの違いを思い知らされるということです。

5　教育内容の水準保障

(1) 学校教育法と水準保障

　子どもたちは,保育所や幼稚園,あるいはまた小学校でさまざまな学びや活動を展開しますが,子どもたちに質・量両面にわたって一定水準の教育内容を保障するしくみとしては,学習指導要領,教科書,授業日数,授業時数などにかかわる規定を把握しておいてほしいと思います。これも小学校教育を中心に説明しましょう。

　学校教育法では,小学校の目的,教育目標を定めていますが,その目的・目標の実質化に向けて,学校教育法施行規則では「教育課程の編成」(第50条),「授業時数」(第51条),「教育課程の基準」(第52条)などを規定しています。1950年代までの日本の小学校教育は地域間格差が少なくなく,"地域の実情に応じた"教育を余儀なくされていました。地域による授業日数の大幅な違いなどが文部省(当時)によって指摘されています。この状況が徐々に是正されていくのが60年代後半以降です。その是正に大きな機能を果たしたのが,義務教育標準法と義務教育費国庫負担制度です(第1章参照)。小学校の教育課程は,国語,社会,算数,理科,生活,音楽,図画工作,家庭および体育の各教科,道徳,外国語活動,総合的な学習の時間ならびに特別活動によって編成されることになっています。また,授業時数は,各教科などのそれぞれの1年間の授業時数ならびに各学年における総授業時数の標準が示されています。因みに,第5学年の授業時数は,国語175(1単位時間は45分),算数175,道徳35,外国語35,年間総授業時数980などと示されています。授業週数は年間35週(第1学年は34週)以上にわたって計画されることが学習指導要領に示されています。さらに教育課程の基準については,「文部科学大臣が別に公示する学習指導要

3-2 学校教育のしくみ

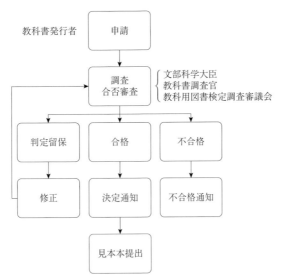

図3.2.2 教科書検定の手続き

領による」と規定され，詳細は学習指導要領に示されています（第5章参照）。また，学習指導要領にもとづいて作成されるのが教科書（教科用図書）です（第5章参照）。ここでは教科書検定に絞って少々述べておきたいと思います。

（2）教科書検定制度

教科書（教科用図書）制度は，先ほどの学習指導要領とともに，子どもたちの学びの質の確保にとって重要な役割をはたします。日本では，明治の近代学校制度発足（1872）以来，届出制や認可制なども含めていくつかの教科書制度が採用されてきましたが，明治の後半期からは国定教科書制度が，そして戦後の1947年以降には検定教科書制度が採用され現在に至っています。学校教育法で「文部科学大臣の検定を経た教科用図書又は文部科学省が著作の名義を有する教科用図書を使用しなければならない。」（第34条）と定められ，教科書検定制度の法的根拠となっています。

教科書検定の手続きについては，図3.2.2に概略を示していますが，教科書

検定とは，民間で著作，編集された図書を文部科学大臣が教科書として適切かどうか（合否）を審査するもので，小，中，高等学校等で使用される教科書について採用されています。検定の手続きについては教科用図書検定規則に，また検定の審査基準については，義務教育諸学校教科用図書検定基準や高等学校教科用図書検定基準に定められています。これらの検定基準では，教科書の内容が正確かつ中立・公正で，学習指導要領に示す目標，内容および取り扱いに適合していることや，児童生徒の心身の発達段階に応じたものであることが求められています。したがって教科書検定を経ることによって教育内容の質が全国的に一定の水準を確保しているといえるでしょう。

しかしいっぽうで，教科書検定が実施されるごとに，記載内容の正確性，中立性，公正性を判断する主体や，客観的な基準の所在が問われ，いわゆる「教科書裁判」が行われたり，「教科書問題」として国際的な問題になったりするなど，これまでにも議論がなされてきました。

（3）新しい学力観

教育内容の正確性，中立性，公正性という問題を，こんにちの学力観との関係で少し考えてみましょう。現行（2008年版）の学習指導要領総則の文部科学省解説には，めざされる学力について以下のように記述されています。

「変化の激しい社会を担う子どもたちに必要な力は，基礎・基本を確実に身に付け，いかに社会が変化しようと，自ら課題を見つけ，自ら学び，自ら考え，主体的に判断し，行動し，よりよく問題を解決する資質や能力，自らを律しつつ，他人とともに協調し，他人を思いやる心や感動する心などの豊かな人間性，たくましく生きるための健康や体力などの「生きる力」であると提言した（平成8年中教審答申）。今回の改訂においては，生きる力という理念は，知識基盤社会の時代においてますます重要となっていることから，これを継承し，生きる力を支える確かな学力，豊かな心，健やかな体の調和のとれた育成を重視している。」（下線は引用者）

PISA調査（OECD）などによって日本の子どもたちの学びの課題が指摘さ

れていますが，上記の文科省の記述はそれらに対応しようとするものです。そこに示されているキーワードは，学びの主体性，課題発見，主体的判断，問題解決，などです。たしかに基礎的・基本的知識および技能を確実に身につけることが前提ですが，めざされる学力は，具体的な多様な事象から課題を発見し，多様な方法の中から適切だと考える視点と手段を選択し解決の道を歩むこと，だと思われます。このように考えれば，教育内容の正確さや中立・公正の判断は，児童生徒および彼を身近で指導する教師に委ねることが適当なのではないでしょうか。

（4）幼稚園の教育課程

　幼稚園の教育課程についても少しふれておきましょう。幼稚園の教育課程も小学校同様，学校教育法に「幼稚園の目的」（第22条），「幼稚園教育の目標」（第23条）が，そして学校教育法施行規則（第38条）に「教育課程の基準」がそれぞれ規定されていますが，教育課程の基準は「文部科学大臣が別に公示する幼稚園教育要領による」と記されているだけです。幼稚園教育要領には，教育課程の編成に際して，年間の教育週数が39週を下らないこと，1日の教育時間は4時間を標準とすることが示され，かつ，以下のような「ねらい及び内容」が示されています。「ねらい」は，生きる力の基礎となる心情，意欲，態度を，そして「内容」は，「ねらい」を達成するために指導する事項をそれぞれ示しています。また，「ねらい及び内容」は，「健康」（心身の健康に関する領域），「人間関係」（人とのかかわりに関する領域），「環境」（身近な環境とのかかわりに関する領域），「言葉」（言葉の獲得に関する領域），「表現」（感性と表現に関する領域）の5つの領域として発達の側面からまとめ，示しています。しかし，幼稚園教育要領の場合，学習指導要領のように，学年ごとに習得する漢字や計算式など知識や技術の具体的学習内容を示してはいません。各幼稚園における具体的なねらいと内容は，子どもの生活経験や発達の過程を考慮して組織されることとなっています。

（5）"3答申"が示すもの

　教育内容の水準確保を支えるものとして，もう一つふれておかなければならないことがあります。それは，2015年12月に中央教育審議会（中教審）から示された，いわゆる"3答申"のことです。「チームとしての学校の在り方と今後の改善方策について」，「新しい時代の教育や地域創生の実現に向けた学校と地域の連携・協働の在り方と今後の推進方策について」，「これからの学校教育を担う教員の資質能力の向上について」，これら3つの答申を指します。今後の教員養成や教員研修のほか，学校運営等に重大な改革を迫る内容となっています。

　3答申は相互に関連しますが，ここでは上記3つめの教員の資質能力の向上に関する答申について説明します。この答申の主な内容は，第一に教員の育成目標の策定，第二にインターンシップ等の導入や教職課程の質向上など養成段階における改革，そして第三に採用方法の改革と教員研修の充実などです。答申の背景としては，一つには近年の教員組織の均衡を欠いた年齢構成によって教員の世代間で知識・技術が伝わりにくくなっていること，2つ目は，知識基盤社会における新しい学力観にもとづいて「教える―学ぶ」意味の転換がなされようとしており，カリキュラム・マネージメントやアクティブラーニングなどの教育課程および教育方法に関する今後の改革を支える教員の質向上が求められていること，そして3つ目に，地域に開かれた学校を実現するために多様な教育活動に携わるスタッフ（教職員，スクールカウンセラー，スクールソーシャルワーカーなど）の協働が求められていること，が挙げられます。今後関連する法令等の整備が行われていきますが，はたしてそれが教育内容の水準確保を支える教員あるいは学校のあり方として実体的なものとなるか，見定めなければなりません。

6 保育・教育機関の主体性と協働性

（1）改善のための評価

　保育・教育機関が子どもの保育・教育の中心的場所であるということは、こんにちにおいても否定されることはないでしょう。しかし、保育・教育機関がその専門性ゆえに主体的に保育・教育にあたるのは当然ながら、その保育・教育は開かれたものであり客観性を持つべきものです。保育・教育機関が自らよって立つ理念や方針（policy）ならびに日々の実践を公開することは、当該の機関における保育・教育活動が偏向や独善に陥らないため、また多様な視点を通して改善されるためにも必要です。学校教育法には、「教育活動その他の学校運営の状況について評価を行い、…（中略）…改善を図るため必要な措置を講ずることにより、その教育水準の向上に努めなければならない」ことが定められています（第42条）。また、「保護者及び地域住民」に「教育活動その他の学校運営の状況に関する情報を積極的に提供する」とも記されています（同第43条）。さらに、学校教育法施行規則においても自己評価、保護者等による評価、公表義務が定められています（第66，67条など）。

　こうした規定にもとづいて、各学校や設置者（市町村）による学校評価の取組みに対して参考とするよう文部科学省は「学校評価ガイドライン」（2010）を示しています。ガイドラインの詳細については省略しますが、学校評価の全体的な流れや、自己評価および学校関係者評価の評価項目ならびに指標の例示、さらに第三者評価の観点や項目などが示されています。幼稚園についても「幼稚園における学校評価ガイドライン」（文部科学省，2011）が示されています。

　また保育機関についても同様に、保育の評価および公表が求められています。具体的には、保育所保育指針において次のように記されています。

　「保育所は、保育の質の向上を図るため、保育の計画の展開や保育士等の自己評価を踏まえ、当該保育所の保育の内容等について、自ら評価を行い、その結果を公表するよう努めなければならない。」（保育所保育指針第四章2保育の

内容等の自己評価）

　学校評価と同じように保育所にも「保育所における自己評価ガイドライン」（厚生労働省，2009）が示されており，「保育理念」，「子どもの発達援助」，「保護者に対する支援」，「保育を支える組織的基盤」の4つに対してそれぞれ評価の観点が例示されています。

　教育および保育機関の自己評価や第三者評価は，アカウンタビリティ（accountability：説明責任）という考え方に基づいています。教育および保育活動について説明する責任があること，また活動の結果に対して責任をもつことが求められています。このアカウンタビリティの遂行によって，教育および保育の質の確保ならびに改善をめざしているのです。

（2）協働と連携

　以上のように，教育および保育活動の公開，点検および評価，改善などの過程において学校や保育機関と地域社会や保護者等との間で協働，連携が進められようとしています。その組織体としては，地域学校協議会，コミュニティスクール，学校運営協議会などが各自治体等の状況や工夫によって組織されています。

　ただし，留意しなければならないことがあります。協働や連携を進めていく際には，そのための財政的措置や人材の配置，あるいは組織の民主化などへの適切な措置を欠いてしまうと，公開や点検および評価それ自体が目的化してしまい成果主義や競争的傾向に陥ったり，事務処理の煩雑化を招いたりして，それらが教師の多忙さを常態化させ，ひいては専門性を求めるはずのものが専門性を脆弱化させ，希薄化させてしまう事態を招く可能性があります。

 〈もっと詳しく知りたい人のための文献紹介〉

　　新藤宗幸『教育委員会──何が問題か』岩波新書，2013年。
　　　⇨教育委員会について正面から取り上げ，かつ簡潔に平易に記述した書として

勧めたいと思います。2014年から地方教育行政の組織及び運営に関する法律（地教行法）が改正され教育委員会制度が変わりましたが，制度移行の過渡的な状況下で，あらためて教育委員会の誕生の経緯や組織の特徴と課題などを考える機会となると思います。

宮寺晃夫（編）『再検討 教育機会の平等』岩波書店，2011年。
　⇨子どもの貧困，あるいは教育格差など教育機会の格差・不平等が深刻さを増している状況下で，再び平等の可能性や条件を検討しようとした書です。とりわけ興味を惹くテーマは，個別・個性化教育と平等の関係，あるいは特別支援教育（特殊教育）を視野に入れた「共生・教育」と平等の関係などです。

〈文　献〉

阿部彩『子どもの貧困──日本の不公平を考える』岩波書店，2009年。
阿部彩『子どもの貧困Ⅱ──解決策を考える』岩波書店，2014年。
堀尾輝久『人権としての教育』岩波書店同時代ライブラリー，1991年。
苅谷剛彦『教育と平等──大衆教育社会はいかに生成したか』中公新書，2009年。
子どもと保育総合研究所　森上史朗（監修）大豆生田啓友・三谷大紀（編）『最新保育資料集2016』ミネルヴァ書房，2016年。
文部科学省「「学校評価ガイドライン」の改訂について」http://www.mext.go.jp/a_menu/shotou/gakko-hyoka/1295916.htm（2016年7月25日閲覧）
文部科学省初等中等教育局児童生徒課，平成26年度「児童生徒の問題行動等生徒指導上の諸問題に関する調査」，2015年9月。
文部科学省初等中等教育局児童生徒課「「平成25年度就学援助実施状況調査」等結果」2015年10月。
OECD（経済協力開発機構）「Education at the Glance（図表でみる教育）」2014年版，2015年。

第4章
学びを支援する人びと

　保育者・教育者に求められる資質・能力，さらには具体的保育・教育場面での工夫や配慮等について考えます。保育者・教育者は，専門職として子どもの人格を尊重し権利を保障することを旨とする倫理や道徳とそれに支えられた専門的知識・技術が必要です。その倫理や道徳に関する主な考え方を取り上げます。また，専門職として求められる専門的知識・技術についても，保育・教育の日常に引き寄せて考えます。

【キーワード】
倉橋惣三　共感性　保育者の専門性　フロム　林竹二　同僚性　教職　教師に求められている資質・能力　ボルノー　教育的愛　ブレツィンカ　教師の職業道徳　大村はま

4 – 1
保育する人の資質・能力

1　保育者の必要条件としての「子どもが好き」であること

　保育者を志す多くの学生は，子どもが好きで，「子どもの気持ちがわかってあげられる先生」「子どもの立場に立って考えられる先生」になりたいと言います。「子どもが好きであること」を保育者のスタートとして大切にしたいと思います。
　日本の幼児教育の基礎をつくった一人である倉橋惣三は次のように述べています（倉橋，1965，p. 38）。

　　子どもがいたずらをしている。その一生懸命さに引きつけられて，止めるのを忘れている人。気がついて止めてみたが，またすぐに始めた。そんなに面白いのか，なるほど，子どもとしてはさぞ面白かろうと，識らず識らず引きつけられて，ほほえみながら，しかるのをも忘れている人。
　　実際的にはすぐに止めなければ困る。教育的には素より叱らなければためにならぬ。
　　先ず子どもに引きつけられてこそ，子どもへ届くというものである。子どもにとってうれしい人とは，こういう先生をいうのであろう。側から見ていてもうれしい光景である。

　こうした共感性は，保育者の専門性の土台として大切にしたい資質です。倉橋はまた，幼稚園には「お世話になる先生」，「ありがたい先生」など，子どもにとっていろいろな先生がいるが，なにより必要なのは子どもの気持ちや内面

に共感してくれる「うれしい先生」であると述べています。子どもが好きな人は保育者になる素質を持っているといってよいと思います。なぜなら子どもに関心を寄せ，子どもの世話をし，子どもに近づき，いっしょに遊び，子どもをよりよく知ろうとするからです。その意味で，「子どもが好き」であることは保育者の必要条件と言うことができるでしょう。

　一人ひとりの子どもの成長につながる適切なかかわりをするためには，それぞれの子どもの特徴を理解し，どのような力が育ちつつあるのか，その子が持っている「よさ」や課題などが見えなければなりません。その土台は，何よりも「子どもが好き」であるということです。そして，子どもに深い関心を持ち，その内面まで理解しようとする気持ちや姿勢が大切です。

2　保育者の専門性

(1) 保育者の専門性とは何か

　子どもが好きで，子どもへの関心が高い，子どもの成長に寄与したいというだけで保育者として十分と言えるでしょうか。保育者にはどのような資質や能力，専門性が求められるのかについて，ここでは保育場面を想定して，それを手がかりに考えてみましょう。

　　　いつも仲のよい4歳児のAくんとBくんがけんかをしていると，それをみていたCちゃんが保育者に伝えに来る。Cちゃんに案内されていくと，AくんとBくんが取っ組み合いのけんかをしている。まわりには何人かの友だちがそのようすを見ている。

　このようなとき，あなたが保育者だったらどのように行動するでしょうか。また，AくんとBくん，それぞれにどのように声をかけるでしょうか。

　日常の保育場面ではこのようなことがしばしばあります。保育者はその都度，どのように行動し，どのように声をかけるかを瞬時に判断し，行動しています。こうした判断や行動は1日に何度も繰り返されます。じつは，ここに保育者に

求められる資質や専門性が隠されているのです。

このようなけんかの場合，基本的な対応の方法があります。それは，保育者が基本的に知っていなければならない専門的知識ということができます。けんかの都度，行き当たりばったりで対応方法を模索するわけではありません。こうした基本的な知識を身につけていることは大切です。

しかしもう一方で，いつも同じ対応で解決するとは限りません。AくんとBくんにかける言葉は同じではありませんし，別の子どもたちがけんかをしているときには，また違った言葉かけをします。なぜなら，保育者はAくん，Bくんと生活をともにしており，それぞれの子どもの日常の姿や性格，友達関係，さらに家庭環境などを知っているからです。一人ひとりの子どもの特徴を知っているからこそ，けんか場面の基本的な解決法を踏まえたうえで，それぞれの子どもにふさわしいかかわりや言葉かけ等を考え，行動しているのです。

つまり，保育は，基本的な知識を必要としながらも，マニュアルどおりにできる仕事ではないということです。それでは保育者に求められる資質や能力とはどのようなものをいうのでしょうか。あるいは保育者の専門性とはどのようなものなのでしょうか。以下で詳しく考えてみましょう。

（2）専門的知識を土台とした子ども理解

前述のけんかの場合でも，なぜ起きるのか，けんかをどのような体験として捉えるのか，そしてどのように対応することが必要かといったことについては，一定の理解と知識が必要です。

けんかの背景には，感情のコントロールが十分にできない，言葉だけで解決することが難しいといった幼児期の子どもが持つ特性がありますし，親子関係が不安定で欲求が十分に満たされていない，といった個々の子どもの状況が関係していることもあります。

また，けんかによって自分の欲求と他者の欲求とがぶつかり合うことで，他者の思いに気づく，自分の欲求をコントロールしようとするきっかけとなる体験になることもあります。さらに，具体的対応としては，けがをしないように

4-1 保育する人の資質・能力

配慮しなければなりませんし，両者の言い分を聞き，受け止めることも求められます。場合によっては，クラスの問題として話し合うこともあります。

つまり，①けんかが起きる原因としての一般的な子どもの発達や特徴についての知識，②それらを踏まえた具体的な対応・方法についての知識がまず求められます。さらに，③背景にある個々の子どもの状況や個人差に対する理解，④これまでの子どもたちの生活体験をもとにしたクラスでの学びなどがあってはじめて，適切なかかわりのあり方が選択され，実践されるのです。

実習生などの場合，①②をもとに実践することはできますが，③④はともに生活してきた担任でなければできません。ですから，実習でうまくいかないことも無理はないのです。

また，子どもを大切に思い，「子どものために」と願っている母親などを想像すれば容易かもしれませんが，「子どものため」と思いつつ，幼児にふさわしくない方法で子どもを教育する親もいないわけではありません。つまり，「子どもが好き」ということは保育者としての必要条件ではありますが，十分条件ではないのです。保育者としての必要十分条件を満たすためには，「子どもが好き」ということに加えて，「保育に必要な専門的知識」をもっていることが必要です。子どもの姿を的確にとらえ，当該の子どもにふさわしい保育を行うためには，子どもや保育をとらえる「目」や「視点」が必要なのであって，それを持つことで子どもがよく見えるようになるわけです。

（3）実践力

子どもが好きで，専門的知識を身につけたとしても，保育者にはそれを子どもにふさわしいやり方で保育として実践する力が求められます。これは保育という仕事の特性であり，専門性であると言えます。どんなに知識があっても十分ではありません。持っている知識が実践に反映され，保育を通して子どもの成長に結びつかなければ保育をする意味がなくなってしまいます。その意味で，保育者に対する評価は，知識の量を基準とする評価とは異なります（図4.4.1）。たとえ知識の量が多くても保育を通して子どもに伝える実践力（伝達力）が低

第4章 学びを支援する人びと

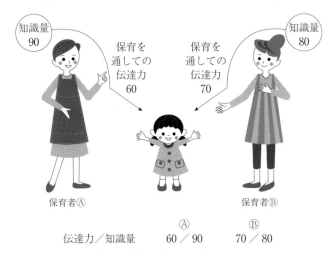

伝達力／知識量	Ⓐ	Ⓑ
	60／90	70／80

知識量では保育者Ⓐの方が優れているが……。

図4.1.1 保育者の知識量と伝達力

ければ保育者として評価されません。

　倉橋は，教育者（保育者）のあり方として，先に紹介した「うれしい先生」とともに，子どもに細かい心づかいをし，こまごまと世話ができる「まめやかさ」を持っている人こそ教育者であるといい，「まめやかさ」を欠いては教育にならないと指摘しています。

　また，フロム（Fromm, E., 1900-1980）は，愛の実践について述べた著書の中で，愛の実践には技術が必要であり，その技術を学ぶ過程を「理論についての習熟」と「実践の習熟」であると言います。どんなに理論的な知識を持ったとしても，それが実践と一つになるまでには非常に多くの訓練が必要で，それを経て達人になるというのです。保育の特色として筆者はこれに「個々の子どもについての理解」を加えたいと思います。

　このように考えると，実践力は専門的な知識（理論）と，個々の子どもの理解をあわせて実践に融合していく力ということになります。つまり，「子どもと遊んだりするのが上手」「ピアノが弾ける」「手あそびができる」という技術はたんなる技術に過ぎず，実践力ということはできません。技術は，子どもや

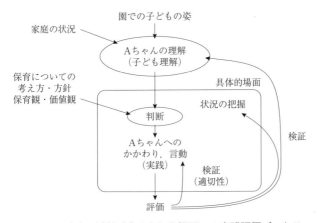

図4.1.2 瞬時に判断が求められる場面での実践評価プロセス

保育の理解と結びついてはじめて実践力といえるのです。このような実践力は保育者の専門性の中核ということができます。

(4) 判断の根拠を振り返る自己省察

けんかの例で見たように,保育者はその場その場でさまざまな判断を行っています。こうした判断は,たとえば「中心となる活動」などの計画的に行われる活動場面よりも,自由な遊び場面や活動間の移行場面で求められることが多くあります(図4.1.2)。保育においては,同じできごとや場面は2度と起こらない一回起性という特徴を持っていますから,その時々の最良の準備,判断や対応が求められます。

しかし,どれだけ準備してもこれらの準備や判断,対応が必ずしもうまくいくとは限りません。これは保育の大きな特徴であるとともに保育の難しいところです。しかし,ここで大切なことは「なぜそのような対応・行動をとったのか」という理由,すなわちその「判断の根拠」を振り返って説明できることです。そのとき自分がどのように考え,判断し,行動したかを振り返ることができてはじめて,保育を改善することができるからです。うまくいった場合は,それを自分の財産として蓄積することもできます。

第4章　学びを支援する人びと

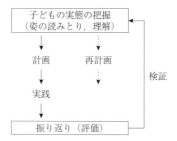

図4.1.3　計画を立案して行われる場面の実践・評価プロセス

　保育を振り返り，判断の根拠を言葉にすることは，「今日よりも明日，少しでもよい保育をする」ことにつながります。不断の保育の振り返りが日々の保育をよりよいものにすることにつながるのです（図4.1.3）。その意味で保育者には学び続けることが求められると言えます。

　また，保育を振り返り，判断の根拠を言葉にすることは，保育の改善だけでなく，同僚と保育観を共有する力や保護者に説明する力につながります。保育者同士の協働や保護者と子どもをともに育てる「共育て」のために，このような説明力や発信力は現代の保育者に求められる大切な能力です。

（5）自律性

　ここまでみてきたように保育は，一人ひとりの子どもとの具体的なかかわりとして展開するものです。それは保育者自身の判断と行為の連続です。言い換えれば，保育者は自分で判断し行動することがつねに求められるのです。保育者が自分で判断し，行動するという自律性は保育者の専門性の柱の一つです。

　保育場面で迷ったときでも，一番よいと思う判断をしても，うまくいかないこともあります。このような場合，保育者は次の機会にその子どもにふさわしい対応をすることでその失敗を取り戻そうとします。それでよいのです。

　もし，保育者自身が判断できなかったらどうなるでしょう。「隣のクラスはどうしているか」「先輩の先生はどうしているか」，そうやって子どもを見ないで人のやり方をかたちだけまねるような「横を見た保育」になってしまいます。

これでは子どもが育つわけがありません。また、こんな保育に何のおもしろみもやりがいもありません。目の前の子どもを自分の目で見て、その子どもたちにふさわしい計画を立て、自分で考え、実践することが必要です。自分の目の前にいる子どもの姿から、そのときどきに適切と考えられるかかわりをすることが求められます。

これには責任をともないますが、保育のやりがいはここにこそあると言ってよいでしょう。保育者の自律性を尊重するということは、その保育者に誰も代わることができないということです。どんなに若く経験が浅くても、毎日子どもとともに生活を積み重ね、その子どもたちをもっともよく知っている担任の意思や判断が尊重されるということです。子どもたちにとって文字通り「かけがえのない先生」なのです。園長や主任、先輩の先生がアドバイスすることはできても代わることはできないのです。そうした責任感と自己決定が求められます。

3 保育者の専門性を支える資質・姿勢

(1) 考える保育者、学び続ける保育者であること

子どもを育てる保育という仕事はマニュアル通りにできない、一人ひとりに対応したきめ細かい営みです。ですから保育者はそれぞれの子どもに対する願いを持ちながら、その姿に目を向け、子どもを理解し、それぞれの子どもにふさわしいかかわりを創り出していかなければなりません。子どもを深く理解し、個々の子どもにふさわしいかかわりができるということは、知識や経験を根拠とした柔軟性を持つということです。子どもを見る目を豊かにし、かかわりの質を高めるためには、保育者自身が学び、成長することが求められます。

教育学者の林竹二は大学での教員養成について次のように述べ、現場の実践の中で学び、成長する教師の養成こそ重要だと指摘しています（林、1978、p. 68）。

教員養成を任務とする大学は，既製品としての教師を養成する教員養成所であってはならないのです。既製品としての教師を社会に供給したのでは，本当に教員養成に課せられた任務が果たせないと私は思います。大学が教員養成にあたるというのは，出来合いの教師を社会に供給することではない。社会に出て現場の教師の実践の間から，多くの苦しみやなやみを通して，自分で自分をきたえ上げて次第に立派な教師になる，その基礎になるものを身につけた人間を送り出すことが出来れば，それで大学は教員養成の責任を果たしているといえるのではないでしょうか。勿論，実際に必要な，知識や技術も与えねばならないことは当然です。だがもっと本質的な仕事は別にあります。

　保育においても，時代や社会の変化にともなって子どもの姿や保育者の役割など求められるものが変化します。それだけでなく，一人の保育者の成長という観点からみても，新任，中堅，主任，園長など職責や役割によって求められる能力にも違いがあります。キャリア・ステージに応じて求められる学びを欠かすことはできません。「優れた学び手」は「優れた保育者」であると言うことができます。保育者やそれをめざす学生は，よりよい保育者になりたいという向上心を持ち，保育者としての自分に「いま足りないもの」「いま学びたいこと」を意識して学び続けてほしいと思います。

（2）「人間関係の仕事」としての保育
　保育者は子どもとの生活にたえず緊張感を持ってかかわりますが，完璧ということはありません。保育は保育者と子どもたちとの信頼関係を基盤として，継続的な人間関係の中で，ときに修正されながら展開される営みです。
　免許や資格を持っていればよい，それがあるからできる仕事ではありません。免許や資格取得がスタートラインです。保育者になって，Aちゃんを担任することになり，これからともに過ごす1年間という時間の中で関係をつくり，深め，よりよい育ちができるように実践を積み重ねていくのが保育です。筆者

はこれを「人間関係の仕事」としての保育者の専門性と位置づけたいと考えます。

　保育には子どもを対象とするという点で多くの不確定要素が含まれています。保育場面では「わからないけど判断する」「わからないけど教える」ということがしばしばあります。それは保育者自身も探求者であるということです。たんに子どもに指導をする「専制者」「先生」ではなく,「共同の探求者」なのです。「わからないけど…する」というパラドックスに気づくことによって,保育者としての自分の仕事に十分な畏れと慎みを持ち,謙虚に子どもたちとともに「よりよい保育」を探し,創っていくことができるのだと思います。

(3) 教育愛

　上述してきたことを踏まえ,子どもとの関係で求められる保育者のあり方として新堀 (1953) による教育愛についての指摘を整理しておきたいと思います。新堀は西洋における神と人との関係をモチーフに教育愛について次のように述べています。彼によれば,教育愛はアガペーとエロスとフィリアの3種類に分けられると言います。アガペーは神から人に向けられる愛で上から下への愛を指します。エロスは人が神に対して憧れる下から上への愛で,フィリアは「友愛」「夫婦愛」など,ともにあるものへの愛を指します。これらを保育者と子どもとの関係でいうなら図4.1.4のように示すことができます。

　新堀は,教育愛はその出発点においてアガペー的であるが,子どもの自己充実,子どもに教えるためには教師自身が学び向上しなければならないという点でエロスに関係し,子どもに文化や価値への愛（エロス）を目覚めさせる方法としてフィリア的な人間関係が要求されるといい,教育愛をこれら3つの愛の統合であると述べています。

　つまり,さきに生まれ,子どもに文化や価値を伝えるものとしての保育者（教える愛・伝える愛),よりよい保育をめざし向上しようとする保育者（よりよいものに憧れる愛),そして,子どもとともに暮らし,いっしょになって遊ぶ仲間としての保育者（仲間としての愛・横並びの愛）であることを兼ね備える

第4章　学びを支援する人びと

　　　教える愛・伝える愛　　　　　よりよい自分を求める愛　　　　仲間としての愛
　　　　　（アガペー）　　　　　　　　（エロス）　　　　　　　　　（フィリア）

保育者の愛＝3つの愛の統合

図4.1.4　保育者の3つの愛

ことが重要なのです。その場面や内容によって保育者に求められるこれら3つの愛の態様やバランスは変化するにしても，これらを兼ね備えた保育者をめざしてほしいと思います。

（4）同僚との保育観の共有

　保育者の専門性の柱としてその自律性が重要であることはすでに述べましたが，この自律性のあり方は保育者個人ではどうにもできないものです。というのも，それぞれの保育者がそれぞれ自律的に自由にするのでは保育は成立しないからです。

　それぞれの保育者の自律性は，同じ場で保育する保育者同士の保育観が共有されることではじめて保証されるものです。それぞれの保育者が自分の判断やかかわりを自信を持って行うためには，同じ職場の保育者同士が基本的に同じ方向を目指して保育を行っている，大切にしようとすることが共通しているという確信を持っていることが大切です。そうしてはじめて他の先生の視線ややり方を気にすることなく，自信を持って判断し，行動することができるからです。

さらに，同僚が互いに支えあい，学びあい，成長し，高めあう保育者集団のあり方をとらえる概念を同僚性といいます。同僚性は，専門職としての対等な保育者同士の関係の質を表す概念と言えますが，保育者の個としての力が，よりよく発揮される保育者集団としての関係のあり方を問うものでもあります。同僚性を高めていくためには保育者同士，それぞれの信念を共有したうえで，指導の方向性，やりとりを媒介する方法を具体化することに取り組むことが必要です。めざす方向が同じであれば保育内容や方法も似てくるものです。ともにめざす方向を共有するさきに，それぞれの保育者の個性も生かされていくと言えるでしょう。

4　求められる保育者の役割と倫理

　最後に，保育者の役割として求められていることについて考えてみましょう。従来，保育は，子どもを保育し，その成長発達を促すことを目的に行われてきました。また，保育所では同時に，親の就労と子育ての両立を支える役割をも担ってきました。しかし，近年「子育て支援」に代表されるように，親の子育てを支援する，親の育ちを支援するという役割が強調されるようになり，保育者の新たな役割として位置づけられるようになりました。新たな役割を求められることは，保育者に新たな学びが求められるということにほかなりません。同時に，子育て支援は保育の場だけでなく，子どもや親が生活する社会をより広くとらえ，新たに他機関と連携することなどを必要としています。
　こうした新たな役割は社会や時代の変化にともなうものですが，子育てや保育が社会の中でどのように位置づけられるかによって，保育者に求められる役割，資質や能力も変化していきます。保育者はこうした社会の変化に目を向け，敏感であることが求められます。また，子どもの最善の利益を求める立場に立ち，社会に対して発信していくことも必要です。社会における自分たちの立ち位置や役割に目を向ける姿勢を持ち続けたいものです。
　ここまで見てきたように保育は，保育者自身の子ども観や学習，経験などが

第4章　学びを支援する人びと

総体として実践されるものです。その意味で保育者が自身の職業的専門性や職業倫理，社会的役割を自覚し，研修等を通して自己を向上させ，よりよい保育者を志向し，よりよい保育を実現することが期待されます。

〈もっと詳しく知りたい人のための文献紹介〉

倉橋惣三『育ての心（上・下）』フレーベル館，2008年。
　⇨「自ら育つものを育たせようとする心。それが育ての心である。世にこんな楽しい心があろうか」という有名な序文で始まり，どんどん引き込まれる本です。日本の幼児教育の基礎をつくった倉橋惣三が，子どもや母親と触れあう中で折々に書いた子ども，保育，母親（子育て）についての短い文章は今日の保育を考えるよい刺激になります。

〈文　献〉

フロム，E.（著）鈴木晶（訳）『愛するということ』紀伊國屋書店，1991年。
林竹二『学ぶということ』国土社，1978年。
厚生労働省『保育所保育指針〈平成20年告示〉』フレーベル館，2008年。
倉橋惣三「ひきつけられて」『育ての心』（『倉橋惣三選集 第3巻』フレーベル館，1965年，p. 38）。
文部科学省『幼稚園教育要領〈平成20年告示〉』フレーベル館，2008年。
村井実『教育学入門』講談社，1976年。
内閣府・文部科学省・厚生労働省『幼保連携型認定こども園教育・保育要領〈平成26年告示〉』フレーベル館，2014年。
太田光洋『保育原論』保育出版会，2014年。
太田光洋「子育て支援力を高める園経営」太田光洋（編）『子育て支援の理論と実践』保育出版会，2016年，pp. 221-230。
新堀通也『教育愛の問題』福村書店，1953年。

4-2
教育する人の資質・能力

1 教職とは

（1）「教職」という言葉とその意義

　本節では，教育する人の資質・能力（教師論）について検討していきます。まずは「教育する人」という職業，つまり「教職」という言葉から考えてみたいと思います。佐藤（2015, p. 19）によれば，私たちはふだん「学校で教育活動に直接従事する教師という職業」を教職と呼んでいます。具体的には，校長，副校長，教頭，主幹教諭，指導教諭，教諭，助教諭，養護教諭，栄養教諭，養護助教諭，講師といった教育職員を一般的な意味での教職と解し，教職に就く職員を教師ととらえるのが妥当であるとされています（佐藤, 2015, p. 24）。

　それでは，教職の意義とはどのようなものなのでしょうか。佐藤（2015, pp. 27-31）は，「人づくりを通した公益性」という観点から次の3点を挙げています。それはつまり，①学習指導と生活指導を通じた「子どもの人格形成」，②それによって成長した個人の集合体たる「社会・国家の発展への寄与」と，そこから派生する「地球・人類の発展への寄与」，そして③開かれた学校づくりなどを通じて地域住民や保護者へ一定の教育的影響を与えることによる「地域の文化的創造への貢献」，です。①と②は「教育という営為に付与された2つの意味」，つまり「個人の権利としての学びを保障すること」と「国家や社会に貢献する人材を育成すること」にそれぞれかかわり，③は両者を媒介する機能をもっていると言えます。それゆえ「教職に就こうとする者は，その仕事が目前の子どもの発達を核として，地域社会，そして国家や地球の発展へと同心

円的に限りなくつながっていることを改めて自覚する必要がある」のです（佐藤，2015, p. 30）。このように，「教育という営為に付与された2つの意味」はときに矛盾するとしても，両者がたがいに結びつくように教育を行うことが教職の使命になります。

さて，ここまで確認してきた「教職」という言葉とその意義は，現代日本の教職観を基調としています。そしてそれは，日本の教職観の歴史的変遷の上に確立されたものです。そこで今度は，日本において教職観がどのように変遷してきたのかということについて，その概要を確認していきます。

（2）教師聖職論

日本における教職観の変遷は，おおきく3つの段階に分類することができます。それはつまり，①教師聖職論，②教師労働者論，③教師専門職論，です。

教師聖職論とは，主に戦前の教職観にあたります。その名のとおり，当時の教師は「聖職」のようにとらえられていました。つまり，戦前の教師は清貧に甘んじながらも，強い使命感をもって子どもたちの模範となる人格者であることが求められていたのです（佐藤，2015, p. 36）。そのため，教職はその当時，たんなる知識・技術の教授に留まらず，子どもの人格形成にかかわる職業だと考えられていました（佐藤，2015, p. 36）。また，戦前の教師は「経済的には現在よりも低い生活に甘んじていた」のですが，それでもなお，戦後に比べて一定の社会的地位を保持していました（唐澤，1968, p. 266）。そしてこの教師聖職論の基盤となり，これと強く結びつくのが，唐澤（1968, pp. 271-276）が指摘するところの仏教や儒教に根ざした日本の伝統的教師像，つまり教師自身の人格をもって子どもの全人格の形成に影響を与える人格主義的教師像です。しかしそれは，教師聖職論との結びつきに留まりません。その精神は現在にも受け継がれていると考えられます（佐藤，2015, p. 34）。この点については，後ほど詳しく検討します。

(3) 教師労働者論

　戦後になると，教職観は教師労働者論へと転換していきました。その契機となったのが，日本教職員組合による「教師の倫理綱領」(1952年)です。その第8項において，「教師は労働者である」と宣言され，これをうけて第9項では，戦前の教師のように「清貧に甘んじる」のではなく，教師が自己の「生活権を守る」ことが明記されています(解説教育六法編集委員会，2016，p. 1203)。このように，戦後においてはみずからの社会的地位を確保するために教職員組合の政治的活動に積極的に参加する「組合型教師」が出現してきました(唐澤，1968，p. 266)。また，教師労働者論のもう一つの形態として，「ビジネス・ライクに教育を取り扱い，自己の生甲斐を，教職以外の私生活に求めようとする」，いわゆる「サラリーマン教師」も登場しました(唐澤，1968，p. 266)。この両形態によって，子どもの教育がないがしろにされることや教師の人格性の希薄化への懸念が示されるようになったのですが，しかしこうした教師労働者論を否定的にのみとらえることはできません。教師労働者論はわれわれに，教師とは何かということについて問題提起をしていると言えます。現在，教員の多忙化が問題視されるなど，教師の社会的地位に関する諸問題や教師とは何かという問いは今日にも通じているのです。

(4) 教師専門職論

　この問題提起を一つの皮切りとして，あらたに台頭してくる教職観が，教師専門職論です。この点に関する象徴的な出来事が，1966年開催のユネスコ特別政府間会議にて採択された「教員の地位に関する勧告」です。その第6項において，教職は「厳しい，継続的な研究を経て獲得され，維持される専門的知識および特別な技術を教員に要求する公共的業務の一種である。また，責任をもたされた生徒の教育および福祉に対して，個人的および共同の責任感を要求するもの」とされ，その専門職としての地位が国際的に位置づけられました。

　しかしこの勧告を皮切りに，教師専門職論をめぐって議論が交わされるようになりました。市川(1975，pp. 234-248)は，医師や法曹などの既成専門職に

ひろく共通する特徴として，①職務の公共性，②専門技術性，③専門的自立性，④専門職倫理，⑤社会的評価，を挙げています。もちろん，教職を除く他の既成専門職はかならずしも上記5つの特徴をすべて満たしているわけではありませんが，その多くの特徴をもっています。しかし教職の場合，とくに②と③の要素が不十分であり，それゆえ⑤の要素も見劣りすると市川は述べています。

　このように，教師を既成専門職としてとらえることは現状では難しいのですが，もう一つのとらえ方があります。それが教師＝特異専門職論です。市川によると，教師＝特異専門職論では「教科知識の該博さとか，教授技術の熟練以上に，それらを超えた人間的な豊かさが教師に求められてい」ます。この教師＝特異専門職論は，「それが現代の教育制度や，それがおかれている環境を無視した，超時代的な抽象論にすぎない」という問題点を含んでいるものの，「心の奥底ではそれこそ真の教師であるという主張に多少とも共感を覚えざるをえない」とされています。ここに，先述の日本の伝統的教師像である人格主義的教師像の影響をみることができるのではないでしょうか。もちろん，市川が批判するように，だからといって教師＝特異専門職論に傾倒することはできないのですが，それでもなおそこには今日にも通ずる重要な視点があります。それが教師の資質・能力の基盤には，一人の人間として備えるべき資質・能力，つまり「豊かな人間性」があるということです。この点についても，のちに詳述したいと思います。

　1996年開催のユネスコ第45回国際教育会議にて，「教員の役割と地位に関する勧告」が採択され，「教師の専門的自律と責任感」（河内，1997，p. 105）の強化の必要性があらためて確認されました。そして今日もなお，教師の専門職性についてさまざまな議論が展開されています（たとえば，佐藤（2009）など）。

　ここまで「教職」という言葉やその意義，さらには日本における教職観の歴史的変遷について概観してきました。そこからも明らかなように，教師には教科知識・教授技術が必要とされるだけでなく，人格性（人間性）が求められてきたことがわかります。これらの点を踏まえて，今度は現在教師に求められている資質・能力について取り上げたいのですが，その導入として，まずは子ど

表4.2.1　小学生の満足度を向上・低下させる対応・教師像（上位3項目）

	満足度を向上させる対応	満足度を向上させる教師像	満足度を低下させる対応	満足度を低下させる教師像
1位	「『がんばったね』と言われ」たこと	勉強を熱心に教えてくれる	厳しく注意されたこと	忘れ物をすると，厳しく叱る
2位	先生からほめられたこと	まちがえたとき，素直にあやまる	先生から冷たく，無視されたこと	先生の言うことを聞かないと，厳しく叱る
3位	先生の方からあいさつしてくれたこと	何か決めるとき，話し合いを大切にする	先生が約束を破ったこと	遅刻や時間に厳しい

（出所）　福武書店教育研究所（1994）の調査結果をもとに作成

表4.2.2　小学生の理想の先生（上位5項目）

	神奈川県教育委員会（2006）	上杉（2007）
1位	わかりやすい授業をしてくれる	頼りになる
2位	自分たちのことをわかってくれて，しかったり，ほめたりしてくれる	授業がうまい
3位	やる気にさせてくれる	気軽に話ができる
4位	自分の目標や手本になってくれる	笑顔が多い
5位	何でもいっしょになってやってくれる	他の先生から信用

（出所）　神奈川県教育委員会（2006）と上杉（2007）の調査結果をもとに作成

もたちが求める教師像にふれておきたいと思います。

（5）子どもたちが求める教師

　ここでは，幾つかの調査結果をもとに，子どもたち，とくに小学生が求める教師像について考えてみたいと思います。

　小学生を対象とした福武書店教育研究所（現・ベネッセ教育総合研究所）（1994, pp. 28-30）の調査では，表4.2.1のような結果が報告されています。

　この表から明らかなように，子どもたちは厳しく叱られることを避け，ほめられることを望んでいます。また，勉強を熱心に教えること，素直さ，親しみやすさ，協調性などが教師に求められていることもわかります。表4.2.2は，神奈川県教育委員会（2006, pp. 80-81）ならびに上杉（2007, p. 11）の調査結果です。併せてみてください。

さらに、村越・谷田貝・青柳の調査（2010, pp. 15-16）では、小・中学生にとって望ましい先生とは、「親切で、明るく元気で、自分たちの気持ちが良く分かり、いつも一生懸命考えてくれる」先生であるという結果も踏まえれば、先述の要素に加えて、子どもたちの気持ちを理解することができる先生や信頼できる先生、生徒の模範となるような先生が求められていると言えます。

以上の内容を踏まえて、今度は教育職員養成審議会（以下、「教養審」）や中央教育審議会（以下、「中教審」）の答申を中心に、現在教師に求められている資質・能力について取り上げたいと思います。

2 現在教師に求められている資質・能力

（1）近年の諸答申にみる、現在教師に求められている資質・能力の概要

ここでは、1997年の教養審第1次答申「新たな時代に向けた教員養成の改善方策について」や、2005年の中教審答申「新しい時代の義務教育を創造する」、2012年の中教審答申「教職生活の全体を通じた教員の資質能力の総合的な向上策について」の概要を取り上げてみたいと思います。

まずは、1997年の教養審第1次答申からみていきます。この答申では、教師に求められる資質・能力が「いつの時代も教員に求められる資質能力」と「今後特に教員に求められる具体的資質能力」に区分されています。前者の内容は、1987年の教養審答申「教員の資質能力の向上方策等について」で掲げられた教師の「一般的資質能力」を指しており、「教師にふさわしい態度」や「教科や教職に関する専門的知識・実践的指導力」に関する事項が挙げられています。そしてそれを前提に、「今後特に教員に求められる具体的資質能力」として3つの大枠が提示されています。それはすなわち、①地球的視野に立って行動するための資質能力、②変化の時代を生きる社会人に求められる資質能力、③教員の職務から必然的に求められる資質能力、です（教養審, 1997, pp. 4-5）。

さらに、1997年の教養審第1次答申では、1987年の教養審答申でもすでに述べられているように、教師としての資質・能力は「養成・採用・現職研修の各

段階を通じて形成されていく」とされています。とくに養成段階では,「教科指導,生徒指導等に関する『最小限必要な資質能力』(採用当初から学級や教科を担任しつつ,教科指導,生徒指導等の職務を著しい支障が生じることなく実践できる資質能力)を身に付けさせる」ことが目指されています(教養審,1997, p. 6)。

また,2005年の中教審答申では,「優れた教師の条件」として3つの視点が掲げられています。すなわち,①教職に対する強い情熱,②教育の専門家としての確かな力量,③総合的な人間力が掲げられました(中教審,2005, p. 19)。

そして,2012年の中教審答申によれば,これからの教師に求められる資質・能力は次の3つになります。それはつまり,①教職に対する責任感,探究力,教職生活の全体を通じて自主的に学び続ける力,②専門職としての高度な知識・技能,③総合的な人間力,です(中教審,2012, pp. 2-3)。

(2) 各答申の共通点

さて,これらの答申は表現の仕方が異なるものの,基本的な視点は共通しています。そこでそれらの内容を総括しつつ,現在教師に求められている資質・能力について考えていきましょう。

一つ目は「教師にふさわしい態度」です。具体的には,教師としての使命感や責任感,教育的愛情,教師として学びつづける姿勢などが挙げられます。

2つ目は「教科や教職に関する専門的知識・実践的指導力」です。たとえば,1997年の教養審第1次答申で提起された「一般的資質能力」のうち,①人間の成長・発達についての深い理解や②教科等に関する専門的知識,③広く豊かな教養,④これらを基盤とした実践的指導力(教養審,1997, p. 4),に加え,近年では思考力・判断力・表現力等の育成を目指した①知識や技能を活用する学習活動や②課題探究型の学習,③協働的な学び,などをデザインできる指導力,さらには学級経営を実践できる力なども求められています。

そして3つ目が「豊かな人間性・社会性」です。前者には,①人間尊重・人権尊重の精神や②思いやりの心などが含まれ,後者としては,①対人関係能力や②コミュニケーション能力などが考えられます。とくに後者の社会性は,他

の教職員や地域社会，家庭との連携が重視される今日において，ますます重要な資質・能力となってきています。

　そのほかにも，時代の要請に応えるかたちで，次のような資質・能力が現在教師に求められています。一つ目はグローバル化に対応する資質・能力です。たとえば，1997年の教養審第1次答申にみられるように，「考え方や立場の相違を受容し，多様な価値観を尊重する態度」などがそれに当たります（教養審，1997，p. 4）。2つ目は情報化に対応する資質・能力です。これもまた，1997年の教養審第1次答申を例として引き合いに出すと，メディアリテラシーなどが考えられます（教養審，1997，p. 5）。さらに3つ目として，特別支援教育に対応する資質・能力も現在ではその重要さが増してきています。

　なお，2015年に教育再生実行会議から提出された「これからの時代に求められる資質・能力と，それを培う教育，教師の在り方について（第七次提言）」では，子どもたちに培うべき①「主体的に課題を発見し，解決に導く力，志，リーダーシップ」，②「創造性，チャレンジ精神，忍耐力，自己肯定感」，③「感性，思いやり，コミュニケーション能力，多様性を受容する力」，という3つの資質・能力を教師自身が身につけること，そしてこれらの資質・能力を子どもたちに培わせる実践的指導力も求められています（教育再生実行会議，2015，pp. 2-3, 12）。ここで掲げられた3つの資質・能力は，先述の「豊かな人間性・社会性」に該当するものと考えられます。

（3）小学校教師に求められる資質・能力

　さて，ここまでは教師一般に求められる資質・能力についてみてきましたが，実際には校種によってその力点の置き方などの点でやや異同がみられます。そこで一例として，とくに小学校教師に求められる資質・能力をここでは取り上げてみたいと思います。

　岩田（2001, p. 93）は自身の教職経験を踏まえ，小学校教師のあるべき姿として，①学級のなかに温かい雰囲気を作り，児童との親近感をもたせる教師，②恥をかかせない教師，③聞き上手な教師，話し上手な教師，④しかる前に，

ちょっと考える教師，⑤「今日，声をかけなかった子どもはいないか」と自問自答する教師，⑥子どもとよく遊ぶ教師，⑦ともに喜んだり悲しんだりする教師，⑧どこででも，声のかけられる教師，⑨心の温かい教師，⑩自らを高めるために努力をし続ける教師，⑪学習指導や生徒指導に自信をもち，子どもに笑顔で対応できる教師，を挙げています。そしてその多くが，先述の小学生が求める理想の教師像と一致しているのです。このように，小学校教師も小学生自身も，教師について同様の理想像を考えていることがわかります。

（4）つねに求められる「豊かな人間性」と，今後求められる資質・能力

　以上のように，現在教師に求められている資質・能力を大別すると，①教師にふさわしい態度，②教科や教職に関する専門的知識・実践的指導力，③豊かな人間性・社会性，が挙げられます。また今日では，とくに地域社会・家庭との連携やグローバル化・情報化・特別支援教育に対応できる資質・能力なども要請されています。

　ここであらためて強調したいことは，①の内容（教師としての使命）と③の内容（豊かな人間性）は日本の伝統的な人格主義的教師像の精神を受け継いだ資質・能力であるということです。もちろん，戦後の教師労働者論において，人格主義的教師像の系譜は一度断ち切られましたが，しかし程なくして「教師の人格性の希薄化」という教師労働者論への懸念が生じたように，教師労働者論が盛んに論じられた時期においてもなお，歴史の表舞台には現れなかったものの，人格主義的教師像の影響が残っていたと考えられます（佐藤，2015，p.34）。さらに，先述の市川の発言や，「豊かな人間性」が現在教師に求められているといったことからも，その精神は現在にも受け継がれていると言えます。

　さらに，この「豊かな人間性」，そして社会性とは，現在教師に求められている他の2つの資質・能力とは異なり，教師に求められる資質・能力に留まらず，一人の人間として備えるべき資質・能力であると言えます。教壇に立つ者は，教師であると同時に一人の人間です。より正確に言えば，一人の人間という基盤の上に教師になるということが成立します。そのため，多様な経験を積

み重ね，広範な教養と常識を身につけることで一人の人間として備えるべき資質・能力たる「豊かな人間性・社会性」を養うことが，教師になる上でも重要であり，この「豊かな人間性・社会性」が残る２つの資質・能力の基盤となっているとも言えます。

さらに，もう一つ注目すべき点は，教師に求められる資質・能力には「いつの時代も教員に求められる資質能力」と「今後特に教員に求められる具体的資質能力」という２種類の資質・能力があるということです。1997年の教養審第１次答申では，「いつの時代も教員に求められる資質能力」として「教師にふさわしい態度」や「教科や教職に関する専門的知識・実践的指導力」が挙げられていましたが，先述のように，これまでも「豊かな人間性」（人格性）が教師に求められてきたと言えます。また，「今後特に教員に求められる具体的資質能力」としては，グローバル化や情報化，特別支援教育に対応する資質・能力を獲得することが現在求められていますが，さらなる時代の変化にともない，環境問題や自然災害，職業教育など，今後これまで以上に多様なニーズに応ずる資質・能力を身につけることが要請されると予想されます。

以上，現在教師に求められている資質・能力について考えてきましたが，最後に，教師に求められる資質・能力の理解をさらに深めるために，教育学者・教育実践家の見解をいくつか取り上げてみたいと思います。

3　教師に求められる資質・能力のさらなる理解へ

（１）教育者の徳——ボルノー

まずはボルノー（Bollnow, O. F.）の「教育者の徳」に関する２つの論考を取りあげてみたいと思います（ボルノー，1969, pp. 125-147；1982, pp. 9-29）。

ボルノーによれば，教育者の徳は「一般的な人間的諸徳なのであるが，それにもかかわらず，それは教育者という特殊な境涯においては特別な意味合いをおびる徳性」（ボルノー，1969, p. 136）になります。それゆえ，教育者としての徳を身につけるためには，先述のように，その基底となる一人の人間として

の徳，つまり「豊かな人間性」を身につけることが必要になります。それでは，その具体的内容についてみていきたいと思います。

「教育者の徳」の一つ目として挙げられているのが「教育的愛」です。現在教師に求められている資質・能力の中にも「教育的愛情」が含まれていますが，ボルノーはさらにその内容を哲学的に掘り下げていきます。ボルノーによれば，教育を可能にする不可欠な前提は，それ自体としてはまだ教育的とは言えない「端的に素朴な人間的な愛」(ボルノー，1969，p. 130)です。この教師の人間的な愛は，具体的には「ひとの心を動かさずにはおかない寄るべない状態にある子どもへの愛，子どもの中にまどろんでいる可能性を，建設的な仕事へと刺激する愛，また，子どものあらゆる弱さ…（中略）…をともに悩む忍耐強い愛」(ボルノー，1982，p. 17)とされています。そしてこの人間的な愛が教育的愛となるのは，子どもの弱さに対して「寛容ではあっても，教育的要求をためらわずに厳正に保持する」(ボルノー，1982，p. 17)とともに，子どもの側にも教師の人間的な愛に応ずる愛が生まれ，両者の統一的関係が結ばれる場合とされています。

2つ目の徳は「期待がどこまで可能で，しかも正当であるか，その限界についての批判的な意識」(ボルノー，1969，p. 133)です。教育は将来の目標を実現することをめざした営みである以上，教師は子どもに対して多かれ少なかれ期待をかけることになりますが，ややもすればみずからの理想を押しつけたり，虚栄心によって過度な期待をかけたりしてしまう恐れがあります。こうした事態を防ぐためにも，「期待がどこまで可能で，しかも正当であるか，その限界についての批判的な意識」をもつことが必要なのです。

そしてこの2つの徳との関連から，「忍耐」が3つ目の徳として導かれます。人間には早く目標に達しようとする生来の傾向がみられますが，とくに教師には「善意ある細心の心づかいをもって発達の進行とともに歩むこと」(ボルノー，1969，p. 144)にもとづく忍耐，言い換えれば「忍耐づよく待つこと」(ボルノー，1969，p. 144)を身につけることが必要だと言われています。この忍耐によって，子どもがその弱さを克服すると約束しながら，いつもその弱さに

戻ってしまうことを許す力が促進されるのです。しかし場合によっては，教師自身が「子どもの過ちや後もどりに対して新たに立て直してやる」(ボルノー，1969, p. 144) ことがどうしても必要となることもあります。その際には，「教育者としての要求を断固として堅持する厳格さ」(ボルノー，1969, p. 144) もまた必要なのです。このように，忍耐は教育的愛の場合と同様，厳格さも兼ねそなえているからこそ，「無関心から出てくる怠慢」(ボルノー，1969, p. 144) と区別されるのです。

そして4つ目の徳が「信頼」と「希望」です。ボルノーによれば，上述の忍耐は，教師が「道徳的人格としての子どもに対する信頼」(ボルノー，1969, p. 146) をもつことによって可能となります。また，教師が「子どもの能力を信ずる場合にのみ，子どもは自分にも何かをする能力があると信ずる」(ボルノー，1982, p. 23) ことができる，つまり教師が期待する人間になることができるのです。それゆえ，教育において励ますことは重要であるとともに，教師には重大な責任が課されることにもなります。しかし，子どもはしばしば教師の信頼に背くかもしれません。そのたびに，教師も子どもを信頼することに対して挫折しそうになるでしょう。それでもなお，教師はみずからのはたらきかけが意味のある行為だと確信し，この信頼の念を奮い起こさねばならないのです。それこそが「未来への信頼」(ボルノー，1969, p. 146)，つまり希望であり，それは忍耐と「必然的に結び合う両極」(ボルノー，1969, p. 147) として，ともに人間の生と教育の究極的な基盤，さらには「宗教的な徳」(ボルノー，1969, p. 147) と見なされています。

(2) 教師の職業道徳――ブレツィンカ

また，ここで注目したいのがブレツィンカ (Brezinka, W.) による教師の職業道徳に関する論考です (ブレツィンカ，1995, pp. 228-232)。彼は，「教師は質の高い職務有能性を身につけ，維持してゆかなくてはならない」と述べ，養成段階のみならず，教職生活全体における「規則的な継続教育が不可欠である」と指摘しています。以下では，教師の職業道徳に関する一般規範のうち，

教育する人の資質・能力に深くかかわる3つの規範について取り上げてみたいと思います。

　一つ目は、「教師は少なくとも生徒に伝えるべき知識と能力を獲得・保持していなくてはならない」ということです。この規範はあまりに水準が低い要求であるかのように感じられるかもしれませんが、ブレツィンカは科目によって程度は異なるとしながらも、「カリキュラムの中で設定されている要求水準の高さを考えれば、むしろこの規範は現実的である」と述べています。何よりもまず、基礎をしっかりと身につけることの重要性を、彼は強調しているのです。

　2つ目として、教師は「十分に基礎づけられた科学的知見」を顧慮して教授方法を改善しなければならないということです。その意図は、「教師が偏見なく自分のやり方を批判し改善してゆかねばならない」ということであり、「教師は方法に関する硬直状態に陥るべきではなく、絶えず新たに学習してゆかねばならない」のです。

　そして3つ目が、「教師は職務課題を十分に達成するために必要となる性格特性を獲得し、それが完全なものとなるよう努力しなくてはならない」ということです。具体的には、①生徒に対する好意、②自己規律、③忍耐、④知的な敏捷性と活発さ、⑤感情移入能力、という5つの性格特性（資質・能力）が挙げられています。この①と③はそれぞれ、ボルノーが指摘する教育的愛と忍耐とに対応します。②はいわゆる自律のことであり、「自分の欲動、感情、思考、言葉をうまく操ること」です。④は授業を怠惰で単調かつ退屈な雰囲気にせず、生徒の学習意欲を向上させるために必要となります。⑤はまさにその名のとおり、児童・生徒へ感情移入し、彼らの気持ちを理解する能力のことを指します。そして、これらの性格特性（資質・能力）は努力によって身につけ、維持できるように配慮しなければならないとされており、これまで取り上げてきた専門知識・教授方法とともに、「規則的に継続して改善してゆかねばならない」のです。

第4章　学びを支援する人びと

（3）教師の資格——大村はま

　最後に，みずからの教職経験を踏まえた大村（1996a；1996b）の教師論をみていきたいと思います。大村は，教師の資格として次の3点を挙げています。

　一つ目は「専門家・職業人としての自覚」です。一生懸命であることや優しくて親切であること，子ども好きであること，つまりいい人であることは教師として当たり前のことであり，子どもたちを「温かいけれども非常にきびしい目で」（大村，1996a, p. 93）見ることで，変化に富んだ時代において生きる力を彼らに身につけさせることが専門家・職業人としての教師の役割になります。そのため，「ほんとうによい仕事をしているかどうか，きびしく自己規制ができ」（大村，1996b, pp. 63-64），責任をもって子ども一人ひとりの生きる力を育むことが真の愛情であり，そのような人が尊敬される教師である，と大村は述べています。そのため，静かにしなさいと子どもたちに言うことは，教師が静かにさせる方法を思いつかず，万策つきて出された敗北宣言なのだと指摘しています（大村，1996b, pp. 72-78）。この「温かいけれども非常にきびしい目で」見ることは，ボルノーの教育的愛の考え方とも共通する考え方だと言えます。また「自己規制」については，先述のブレツィンカの見解とも軌を一にしています。

　2つ目が「専門家・職業人としての技術を身につけること」です。先述のことからも明らかなように，専門家・職業人としての教師は，子ども一人ひとりの生きる力を育むための技術を身につけなければなりません。ここでは，大村が挙げている例を一つ紹介したいと思います。それは，子どもにただ指示・命令するのではなく，自発的に課題に取り組むことができるようにはたらきかけることです（大村，1996a, pp. 111-123）。国語教師だった大村は，文章を書く力を身につけさせるためには書く練習をしなさいと命令するのではなく，まず書きたいことを考えさせ，思わずそれを書きたくなるようにはたらきかけることが必要であると述べています。そしてこれらの技術を磨くためにも，継続的に研究（研修）を行うことが必要になります。さらに，子どもは「伸びたい」という気持ちの塊であり，「勉強するその苦しみと喜びのただ中に生きている」

（大村，1996b，p. 28）ため，教師も研究の苦しみと喜びを体感することでその精神の若さを保ち，子どもたちと同じ気持ちになることも研究（研修）の意義として挙げられています。

そして3つ目が「子どもへの敬意・信頼」です。これは，先述のボルノーの信頼の考え方に対応しています。大村は，「この子は自分なんかの及ばない，自分を遠く乗り越えて日本の建設をする人なんだ」（大村，1996b，p. 68）ということを授業中に見いだし，子どもを尊敬し，その力を信じることが必要であると語り，子どもが批判力をもって教師自身を乗り越えて行くことが重要であるとしています。それゆえ真の教師の仕事とは，子どもがその豊かな力を，教師によって育てられたのではなく「自分のみがき上げた実力であると思って，自信に満ちて，勇ましく次の時代を背負」い，「未来の幸福を作り出す，一本立ちした，一人で生きていける人間」（大村，1996a，pp. 158-159）を育てることにある，と大村は主張しています。

4 つねに問いつづけるべき「教育する人の資質・能力」

本節では教育する人の資質・能力（教師論）について取り上げてきました。現在教師に求められている資質・能力は，「いつの時代も教員に求められる資質能力」と「今後特に教員に求められる具体的資質能力」に大別されます。

前者は「教師にふさわしい態度」「教科や教職に関する専門的知識・実践的指導力」「豊かな人間性・社会性」という3つの柱によって構成され，とくに一人の人間として備えるべき資質・能力でもある「豊かな人間性・社会性」が残る2つの資質・能力の基盤となっています。また，ボルノーらが主張する教育的愛や忍耐，信頼，自己規律，感情移入能力などは「豊かな人間性・社会性」を支えるより根源的な基底であるとともに，その一部とみることもできます。

また，「今後特に教員に求められる具体的資質能力」としてはグローバル化などに対応する資質・能力が挙げられますが，さらなる時代の変化にともない，

第 4 章　学びを支援する人びと

環境問題や自然災害，職業教育など，今後これまで以上に多様なニーズに応ずる資質・能力を身につけることが要請されると予想されます。だからこそ，「教育する人の資質・能力」とは何かということをその時代に応じてつねに問いつづけていくことが，私たちには必要なのではないでしょうか。

〈もっと詳しく知りたい人のための文献紹介〉

佐藤学『教師花伝書——専門家として成長するために』小学館，2009年。
　⇨教師が「教える専門家」であると同時に「学びの専門家」として成長するための要点が凝縮された指南書です。

山崎英則・西村正登（編著）『求められる教師像と教員養成——教職原論』ミネルヴァ書房，2001年。
　⇨教職の理論的・制度的・歴史的考察に加え，保育職や教職などの経験者により学校種別ごとの教師生活も紹介されている教職論の格好の入門書です。

大村はま『新編　教えるということ』筑摩書房，1996年。
　⇨国語教育研究家であり，みずからも教壇に立った大村が，教師や教育のあり方，教育実践に関する工夫などについてわかりやすく語った講演集です。

〈文　献〉

ボルノウ，O. F.（著）森昭・岡田渥美（訳）『教育を支えるもの』黎明書房，1969年。

ボルノー，O. F.（著）島田四郎（訳）「教育者の徳について」ボルノー，O. F.（著）玉川大学教育学科（編）『教育者の徳について』玉川大学出版部，1982年，pp. 9-29。

ブレツィンカ，W.（著）小笠原道雄・坂越正樹（監訳）『信念・道徳・教育』玉川大学出版部，1995年。

中央教育審議会「新しい時代の義務教育を創造する（答申）」2005年。

中央教育審議会「教職生活の全体を通じた教員の資質能力の総合的な向上策について（答申）」2012年。

福武書店教育研究所（編）『モノグラフ・小学生ナウ　学級担任と子どもたち』Vol. 14-6，福武書店，1994年。

市川昭午『教育行政の理論と構造』教育開発研究所，1975年。

岩田英昭「小学校の教諭生活の実際」山崎英則・西村正登（編著）『求められる教師像と教員養成——教職原論』ミネルヴァ書房，2001年，pp. 82-97。
解説教育六法編集委員会（編）『解説教育六法』三省堂，2016年。
神奈川県教育委員会「教育に関する学校関係者向け意識調査　調査報告書」2006年。
唐澤富太郎『教師の歴史——教師と生活の倫理』創文社，第 4 刷，1968年。
河内徳子（監訳）「教師の役割と地位に関するユネスコ勧告——教師の専門的自立性と責任の強化を」『教育』第47巻 4 号（No. 612），1997年，pp. 103-117。
教育再生実行会議「これからの時代に求められる資質・能力と，それを培う教育，教師の在り方について（第七次提言）」2015年。
教育職員養成審議会「新たな時代に向けた教員養成の改善方策について（第 1 次答申）」1997年。
村越晃・谷田貝公昭・青柳正彦「望ましい教師像に関する調査研究——子ども・保護者・教師・学校管理者の立場から」『目白大学高等教育研究』第16号，2010年，pp. 9-17。
大村はま「教師の仕事」『新編　教えるということ』筑摩書房，1996年 a，pp. 81-159。
大村はま「教えるということ」『新編　教えるということ』筑摩書房，1996年 b，pp. 9-80。
佐藤晴雄『教職概論［第 4 次改訂版］』学陽書房，2015年。
佐藤学『教師花伝書——専門家として成長するために』小学館，2009年。
上杉賢士「スタンダード策定のための調査結果概要」『千葉大学教員養成 GP　プレ10・ポスト10教員研修プログラム～教員スタンダードの策定と教員養成の課題～　最終報告書 1』千葉大学教育学部，2007年，pp. 9-15。

第5章
子どもは何を学ぶか

　この章では，保育および教育の内容・方法・評価にかかわることがらについて考えます。わが国では，子どもに必要とされる知識・能力の基準として，保育所保育指針，幼稚園教育要領，学習指導要領が示されています。ここではそれらに示されている保育および教育の目標やねらい，そして具体的内容，さらには評価の観点など基本的事項を確認しながら，乳幼児や児童にそれぞれ育てるべき力は何か，その育てるべき力はどのような方法で育成できるか，また育成された力をどのように評価するか，このような問いに答えます。

　さらに小学校教育については，学習指導要領の変遷を辿り，かつこんにち進められている学習指導要領改訂の背景にある新たな学力のとらえ方やその評価の考え方について検討し，「子どもたちは何を学ぶか」を問い直します。

【キーワード】
幼稚園教育要領　保育所保育指針　教育課程　遊びを通して　保育内容5領域　前学力的能力　保育評価　学習指導要領　教科書　教材　教育評価　キー・コンピテンシー　学力観　アクティブ・ラーニング

5-1
乳幼児期の子どもの学びと保育内容

1　幼稚園教育要領と保育内容

(1) 保育内容の基準と幼稚園教育要領

　乳幼児期の子どもが学ぶ内容とはどのようなものでしょうか。国がその具体的基準として示しているのが、「幼稚園教育要領」「保育所保育指針」「幼保連携型認定こども園教育・保育要領」です。
　ここでは、幼稚園の保育内容の基準である幼稚園教育要領を中心にみてみましょう。保育所の保育内容の基準である保育所保育指針においても3歳児以上の教育内容は幼稚園教育要領と同様になっています。
　幼稚園教育の目的は学校教育法第22条、その目的達成のための目標は同法第23条に示されています。

> 第二十二条　幼稚園は、義務教育及びその後の教育の基礎を培うものとして、幼児を保育し、幼児の健やかな成長のために適当な環境を与えて、その心身の発達を助長することを目的とする。
> 第二十三条　幼稚園における教育は、前条に規定する目的を実現するため、次に掲げる目標を達成するよう行われるものとする。
> 一　健康、安全で幸福な生活のために必要な基本的な習慣を養い、身体諸機能の調和的発達を図ること。
> 二　集団生活を通じて、喜んでこれに参加する態度を養うとともに家族や身近な人への信頼感を深め、自主、自律及び協同の精神並びに規範意識の

芽生えを養うこと。

三　身近な社会生活，生命及び自然に対する興味を養い，それらに対する正しい理解と態度及び思考力の芽生えを養うこと。

四　日常の会話や，絵本，童話等に親しむことを通じて，言葉の使い方を正しく導くとともに，相手の話を理解しようとする態度を養うこと。

五　音楽，身体による表現，造形等に親しむことを通じて，豊かな感性と表現力の芽生えを養うこと。

　また，幼稚園の教育課程の基準は学校教育法施行規則（第38条）において「文部科学大臣が別に公示する幼稚園教育要領による」と記されているだけで具体的学習内容は示されていません。

　幼稚園教育要領（平成20年版）では次のような構成となっています。

幼稚園教育要領（目次）
　第1章　総則
　　第1　幼稚園教育の基本
　　第2　教育課程の編成
　　第3　教育課程に係る教育時間の終了後等に行う教育活動など
　第2章　ねらい及び内容
　　健康
　　人間関係
　　環境
　　言葉
　　表現
　第3章　指導計画及び教育課程に係る教育時間の終了後等に行う教育活動などの留意事項
　　第1　指導計画の作成に当たっての留意事項
　　第2　教育課程に係る教育時間の終了後等に行う教育活動などの留意事項

第5章　子どもは何を学ぶか

　幼稚園教育要領においては各幼稚園における教育課程は「創意工夫を生かし，幼児の心身の発達と幼稚園及び地域の実態に即応した適切な教育課程を編成」することとされています。また，幼稚園においては具体的なねらいと内容は，子どもの生活経験や発達の過程を考慮して組織することとなっています。このように，幼稚園の教育課程や保育内容は小学校以降の学習指導要領とは異なり，具体的な教育内容が示されておらず，大筋を示すに留まっており各幼稚園が幼稚園教育要領の趣旨にしたがって独自に作成するものとして定着してきていることが大きな特徴です。

（2）幼稚園教育要領における幼稚園教育の基本
　幼稚園教育要領の冒頭には「幼稚園教育の基本」（第1章総則）が示されています（表5.1.1）。ここに示されている基本は，幼稚園だけでなく，保育所や幼保連携型認定こども園を含む幼児期の教育に共通する基本的な考え方ととらえられます。
　冒頭では，幼稚園教育を「幼児期の特性を踏まえ，環境を通して行うもの」であることを基本として位置づけています。このことは幼児の人間関係や生活世界が家庭から幼稚園などに広がるとともに，安心できる親や保育者との関係を基盤として自立に向かうという特性や，能動的に周囲の人や環境とかかわり，生活に必要な能力や態度を身につけていく「有能な子ども」観を土台としているといえます。
　さらにこれらを踏まえて3つの事項を重視することとされています。
　これらのうち，とくに下線部分に注目しておきたいと思います。すなわち，①幼児期にふさわしい生活，②遊びを通しての総合的指導，③一人ひとりの特性に応じた指導，です。後述するように，この3つを深く考え意識しながら保育を行うことが，幼児期を大切にした幼児にふさわしい学びを保障することになると考えられるからです。

5-1 乳幼児期の子どもの学びと保育内容

表5.1.1 幼稚園教育要領第1章総則　第1　幼稚園教育の基本

　幼児期における教育は，生涯にわたる人格形成の基礎を培う重要なものであり，幼稚園教育は，学校教育法第二十二条に規定する目的を達成するため，<u>幼児期の特性を踏まえ，環境を通して行うものであることを基本とする。</u>
　このため，教師は幼児との信頼関係を十分に築き，幼児と共によりよい教育環境を創造するように努めるものとする。これらを踏まえ，次に示す事項を重視して教育を行わなければならない。
1　幼児は安定した情緒の下で自己を十分に発揮することにより発達に必要な体験を得ていくものであることを考慮して，幼児の主体的な活動を促し，<u>幼児期にふさわしい生活</u>が展開されるようにすること。
2　幼児の自発的な活動としての遊びは，心身の調和のとれた発達の基礎を培う重要な学習であることを考慮して，遊びを通しての指導を中心として第二章に示すねらいが総合的に達成されるようにすること。
3　幼児の発達は，心身の諸側面が相互に関連し合い，多様な経過をたどって成し遂げられていくものであること，また，幼児の生活経験がそれぞれ異なることなどを考慮して，<u>幼児一人一人の特性に応じ，発達の課題に即した指導</u>を行うようにすること。

　その際，教師は，幼児の主体的な活動が確保されるよう幼児一人一人の行動の理解と予想に基づき，計画的に環境を構成しなければならない。この場合において，教師は，幼児と人やものとのかかわりが重要であることを踏まえ，物的・空間的環境を構成しなければならない。また，教師は，幼児一人一人の活動の場面に応じて，様々な役割を果たし，その活動を豊かにしなければならない。

（注）　下線は筆者による。
（出所）文部科学省（2008a）

（3）ねらいと内容

　幼稚園教育要領では，幼稚園教育のねらいについて「幼稚園修了までに育つことが期待される生きる力の基礎となる心情，意欲，態度などであり，内容はねらいを達成するために指導する事項」とされています。すなわち，幼児期にふさわしい生活，遊びを通しての総合的指導，一人ひとりの特性に応じた指導を通して「心情，意欲，態度」を身につける学びが求められているのです。

　そしてこれらのねらいと内容は，「健康」（心身の健康に関する領域），「人間関係」（人とのかかわりに関する領域），「環境」（身近な環境とのかかわりに関する領域），「言葉」（言葉の獲得に関する領域），「表現」（感性と表現に関する領域）という発達の側面から5つの領域としてまとめられており，これを一般的に「保育内容5領域」と呼んでいます。それぞれの領域の冒頭には次のような意義づけが示されています。

第5章　子どもは何を学ぶか

　　健康：健康な心と体を育て，自ら健康で安全な生活を創り出す力を養う。
　　人間関係：他の人びとと親しみ，支え合って生活するために，自立心を育て，人とかかわる力を養う。
　　環境：周囲の様々な環境に好奇心や探究心をもってかかわり，それらを生活に取り入れていこうとする力を養う。
　　言葉：経験したことや考えたことなどを自分なりの言葉で表現し，相手の話す言葉を聞こうとする意欲や態度を育て，言葉に対する感覚や言葉で表現する力を養う。
　　表現：感じたことや考えたことを自分なりに表現することを通して，豊かな感性や表現する力を養い，創造性を豊かにする。

　こうした意義づけに続けて「1　ねらい」，「2　内容」が示され，最後に内容の取り扱いについての留意点が「3　内容の取扱い」として示されています。
　幼稚園教育要領の解説書である「幼稚園教育要領解説」によれば，「各領域に示されている「ねらい」は幼稚園生活の全体を通して幼児がさまざまな体験を積み重ねる中で相互に関連をもちながら次第に達成に向かうものであり，「内容」は幼児が環境にかかわって展開する具体的な活動を通して総合的に指導されなければならないものである」ことから，「幼稚園教育における領域は，それぞれが独立した授業として展開される小学校の教科とは異なるので，領域別に教育課程を編成したり，特定の活動と結び付けて指導したりするなどの取扱いをしないようにしなければならない」と領域と教科の違いについて解説されています。
　重要なことは，先に幼稚園教育の基本から逸脱しないように，また，これら5領域に示されるねらいが総合的に達成されるように教育課程を編成し，実践しなければならないということです。

2　保育の基本と保育内容の総合的指導

（1）保育とは何か

　前項で述べたように幼稚園教育の基本として示されている①幼児期にふさわしい生活，②遊びを通しての総合的指導，③一人ひとりの特性に応じた指導，はそのまますべての保育施設に共通する保育の基本と考えることができます。

　そもそも「保育」という言葉はどのような意味を持っているのでしょうか。「教育」と何が違うのでしょうか。「保育」という言葉は，東京女子師範学校附属幼稚園ではじめて使われたとされていますが，戦前戦後を通して「保護教育」「保護育成」などを省略したものと言われています。日本保育学会会長であった山下（1966）は，「保育」とは「年少であり幼いひ弱な子どもである幼児の教育を意味している…（中略）…言葉は同じく教育といっても，その教育の内容や方法については，大きい子どもたちを教育する場合とは大いに違った心遣いが必要で」あり，「教育の方法的意味が保育という言葉の内容に加わってくる」，すなわち「保護と教育を一体として」行うものであると述べています。

　言い換えれば，幼児の幼さ，幼児らしさに配慮して教育するということであり，その意味では，幼稚園と保育所はそれぞれの社会的役割は異なりますが，幼稚園における「教育」も保育所における「保育」も本質的に異なるものではないと言えるでしょう。

　それでは，幼児期に共通する幼さを大切にした保育のあり方について考えてみましょう。

（2）幼児期にふさわしい生活

　「幼児期にふさわしい生活」とは，言い換えれば，「幼児らしさを大切にした生活」と言えます。幼児らしさを尊重することは，すなわちその教育内容と方法について考えることと言えます。幼児として大切にされる保育や教育の内容

や方法とはどのようなものでしょうか。

　まず，安心して過ごすための「心の基地」となる人の存在と「居場所」が必要です。そのうえで自己を表現し，主体的に環境にかかわることを大切にする必要があります。幼児は「できたり，できなかったり」「甘えたり，自分でしてみたり」と揺れながら成長します。また，人から強制されることが苦手です。ですから，幼児の気持ちの揺れを受けとめ，子どもが主体的で生き生きと生活でき，無理なく過ごせるようにすることが必要です。簡単そうに思われますが，これを見きわめるのは容易ではありません。こうした幼児らしさが大切にされる環境で，子どもは他者への信頼感や自分から環境に働きかけて得られる効力感や自分に対する自信につながる自己肯定感を育んでいきます。

　もし，子どもの気持ちを無視して強制的に難しいことばかりさせられ，いつもできなかったり，できたものが否定されるように保育されたらどうでしょう。子どもは人に対する信頼も自信も育たないでしょう。その意味で，子どもが遊びや活動に取り組むときの内面やプロセスに注目し，それを評価することが大切です。

　われわれ大人は，一般的に子どもに「より早く」できるようになることを期待しがちですが，「幼児期にふさわしい生活かどうか」を問い続けて保育することが，子どもの育ちのために求められます。

（3）遊びを通しての総合的指導

　乳幼児の日常は「生活」と「遊び」とに大別してとらえることができます。そしてこの時期の子どもの主体的活動は自発的な遊びとして展開します。遊びは次のような特徴を持っています（太田，2014）。

　①誰かに強制されるものではなく，自発的であること
　②快の感情をともなうものであること（楽しいと感じること）
　③「～ができるようになるために」という目標がなく，遊ぶこと自体が目的であること
　④しかし，結果としてさまざまな能力を育てること

こうして展開する遊びは子どもの自由な意思で行われますが、保育の場ではまったく自由に行われているわけではありません。保育の場で子どもがする遊びは、それがまったく自由にみえる遊びであっても保育者によって創られた環境の中で行われています（いわゆる「自由遊び」）。さらに、保育者が目的を持ちながら子どもにとっては「遊び」ととらえられるような活動もあります（「保育内容としての遊び」）。後者は「活動」といわれることが多くありますが、幼児にふさわしい保育方法としては、子どもにとって「遊び」ととらえられることが重要です。なぜなら、遊んでいるときの心的な状態にあるとき（主体的に対象にかかわっている）、子どもはより多くのことを学ぶからです。

たとえば、ままごとでお母さん役になりたいAちゃんが、いつも使っている大好きな人形を自分から進んで我慢して赤ちゃん役の子どもに貸してあげるというように、遊びの中では子どもは自分で葛藤を乗り越えていきます。自分の気持ちをコントロールすることができるのです。

あるいは、保育者といっしょにする毎回の「活動」がいつも子どもにとって「遊び」としてとらえられる楽しいものであるなら、保育者の話をすすんで聞こうとする態度を身につけます。遊びは子どもにとっての必要感を育てます。

このようなさまざまな「遊び」を通して子どもは成長します。意欲や自発性、話を聞こうとする態度、表現力、友達に対する肯定的認識、コミュニケーション、場にふさわしい行動、感情や身体の調整能力、知的好奇心や知る喜び、粘り強く取り組む姿勢、友達と協力する力、達成感など。幼児は遊びを通して続く小学校での学びの土台となるこれら「前学力的能力」を身につけていると言うことができます。

（4）一人ひとりの特性に応じた指導

幼児期の子どもの発達は、生まれ月や環境、生活経験の違いによって大きく異なるものです。たとえば、きょうだいが多い中で育った子どもと一人っ子で大人の中で育った子どもとでは、遊び方も異なるでしょうし、言葉の発達もまた違うでしょう。また、新しいことには慎重であったり、活動的であったり、

第5章 子どもは何を学ぶか

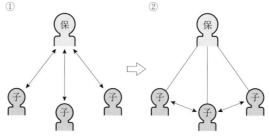

図5.1.1　1対1の信頼関係からクラスの人間関係へ
（出所）　太田（2015b）

それぞれの子どもが持っている気質や性格，興味や関心も異なります。

この世に生を受けてからわずか数年の子どもの生活経験はそれぞれ限られているので無理もありません。それぞれの子どもの特性にふさわしいかたちで，それぞれの子どもが必要な力を身につけていくことを援助することが求められます。

（5）子ども同士の育ちあい

以上の3つを保育の基本としながら，さらに子ども同士が育ちあい，学びあうことを大切にしたいと考えます。子どもは成長するにつれ，自分の世界や仲間との世界を拡張していきます。子どもの成長は，すなわち大人の目が届かないところでの生活の広がりを意味します。だとすれば，子どもが自分で考え，判断し，行動していくための力を身につけることが必要です。そして幼児であってもその年齢にふさわしいかたちで，考え，判断する力を身につけることができます。

子どもたちは，個人差を持ちながらも個に応じた保育者の指導と並行して（図5.1.1），多くの共通体験をともにして育ちます。こうした共通体験の積み重ねは，保育者による意味づけによって子どもたちに共有される価値や体験と

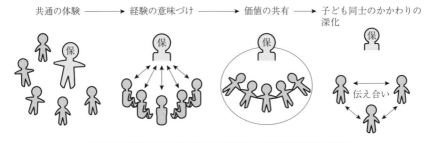

図5.1.2 価値の共有がクラス意識を育てる
（出所）太田（2015b）

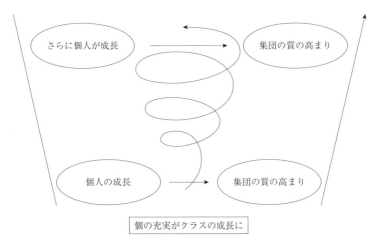

図5.1.3 個人の成長と集団の質の高まり
（出所）太田（2015b）

して蓄積され，それぞれの子どもの内面（思考や感性，判断力，価値観等）をつくっていきます（図5.1.2）。個々の子どもへの指導はクラスの成長を促し，クラスとしての成長が個の成長をさらに促すというように，個と集団は相互に成長し合います（図5.1.3）。子どもたちは保育を通して，まさに生きる力の基礎となる諸能力を身につけていると言えるのではないでしょうか。

3　保育における評価

　評価はいうまでもなく保育の改善のために行われます。

　保育における評価のあり方は多様化する傾向にあります。第4章で示したようにどのような場面について評価を行うかという問題があります。明確な目的を持って計画化され，保育が行われる保育者を中心とした活動などのフォーマルな場面と，子どもの自由な遊び場面などのインフォーマルな場面とでは，評価とそのプロセスは異なります。

　また，どのような観点から評価するかによっても評価は異なります。従来から行われているのは，子どもの姿からその心情，意欲，態度といった子どもの内面を推測し，保育のあり方や保育者のかかわりを評価するというように，保育者に主眼を置いた評価です。それは，主として子どもについての評価ではなく，保育者自身の保育の振り返りを基本とします。また，近年では環境に焦点を当てた評価や，各子どもについてのおおまかな発達的目標を設定し，子どもが経験したことや作品などをポートフォリオなどに残し，子どもにも開示するといった評価，これらを組み合わせて行う多元的な評価も取り入れられています。

　集団の一律の明確な目標を設定し，あらかじめ定められた能力が子どもに身についているかを評価することについては，OECDでも「準備期としての子ども」観に拠って立つ保育の「学校化」への危惧とともに慎重になってきています。むしろ，「乳幼児期をそれ自体が重要な意味を持つ人生の最初の段階」という子ども観に立ち，個々の子どもに目を向け，子どもが取り組む遊びや活動のプロセス，子どもの発言や表情，態度などを多元的に評価しようという動きにゆっくりと転換しつつあると言われています。

　保育の評価は，一人ひとりの子どもの発達状況の把握（アセスメント）にもとづいて，目標を設定し，子どもの成長のプロセスを評価することによって保育を改善し，子どもの成長に寄与しようとするものです。そのためにはどのよ

うな観点から，どのような評価を行うのかが重要です。保育評価の基本は保育者による自己評価です。その意味で保育をどう振り返るのか，その具体的な観点や方法は保育者自身も考えていかなければならない現代的な課題になっていると言えます。

 〈もっと詳しく知りたい人のための文献紹介〉

岡本夏木『幼児期』岩波新書，2005年。
⇨幼児の生活について「しつけ」「遊び」「表現」「ことば」の4つの側面から，幼児の中に育っていく力について具体的に述べられています。とくに，子どもが，親，保育者，友達などとの葛藤や共感，想像力や表現力を働かせる必要に迫られることなどがその後の人生を生きていくうえで欠かすことのできない拠りどころとなるという主張が実例も含め，論じられています。

〈文　献〉

ハームス，T.・クリフォード，R. M.・クレア，D.（著）埋橋玲子（訳）『保育環境スケール1（幼児版）』法律文化社，2008年。

ハームス，T.・クリフォード，R. M.・クレア，D.（著）埋橋玲子（訳）『保育環境スケール2（乳児版）』法律文化社，2008年。

日浦直美「保育の現状と課題」関口はつ江（編）『保育の基礎を培う保育原理』萌文書林，2013年，pp. 330-350。

厚生労働省『保育所保育指針〈平成20年告示〉』フレーベル館，2008年a。

厚生労働省『保育所保育指針解説書』フレーベル館，2008年b。

文部科学省『幼稚園教育要領〈平成20年告示〉』フレーベル館，2008年a。

文部科学省『幼稚園教育要領解説』フレーベル館，2008年b。

内閣府・文部科学省・厚生労働省『幼保連携型認定こども園教育・保育要領〈平成26年告示〉』フレーベル館，2014年a。

内閣府・文部科学省・厚生労働省『幼保連携型認定こども園教育・保育要領解説』フレーベル館，2014年b。

太田光洋『保育原論』保育出版会，2014年。

太田光洋『新版・乳幼児期から学童期への発達と教育』保育出版会，2015年a。

太田光洋「子どもの関係づくりと（集団）保育のポイント」太田光洋（編著）『幼

第5章　子どもは何を学ぶか

　　稚園・保育所・施設実習完全ガイド　第2版』ミネルヴァ書房，2015年 b, pp. 137-149。

　　山下俊郎『保育学概説』恒星社厚生閣，1966年。

5 – 2
学習指導要領と教科書

1　子どもの学びの内容を規定する学習指導要領

　「子どもは何を学ぶか」このことは，どこに規定されているのでしょうか。学校教育において，子どもの学びを規定するものが「学習指導要領」です。学校教育法施行規則の第52条には「小学校の教育課程については，この節に定めるもののほか，教育課程の基準として文部科学大臣が別に公示する小学校学習指導要領によるものとする。」と規定しています。他校種についても同様の定めがあります。このように学習指導要領（幼稚園の場合は，幼稚園教育要領）は，わが国の公教育を担う幼稚園，小学校，中学校，義務教育学校，高等学校，中等教育学校，特別支援学校における教育課程編成上の基準として告示されています。この学習指導要領は，文部科学省公示として官報に記載されることにより，法的な拘束力を有しています。

　なお，学校教育法施行規則の第50条では，「小学校の教育課程は，国語，社会，算数，理科，生活，音楽，図画工作，家庭及び体育の各教科，道徳，外国語活動，総合的な学習の時間並びに特別活動によつて編成するものとする。」と定められており，教育課程は，子どもの発達段階に合わせて，各学校において共通に指導すべき内容を系統的に配列した，学習指導の全体計画と言えます。学習指導要領は，各学校が編成する教育課程の基準として，国が各教科等の目標や内容を示しており，教育の機会均等の保証と教育水準の維持に重要な役割を果たしています。

　さらに，学習指導要領は，教科書の作成の事実上の基準であり，教科書の検

定基準であるとともに，指導要録における学習指導の評価の観点やねらいの基準ともなっています。

また，学習指導要領の「第1章　総則」の「第2　内容等の取扱いに関する共通的事項」において，「2　学校において特に必要がある場合には，第二章以下に示していない内容を加えて指導することができる。また，第二章以下に示す内容の取扱いのうち内容の範囲や程度等を示す事項は，全ての児童に対して指導するものとする内容の範囲や程度等を示したものであり，学校において特に必要がある場合には，この事項にかかわらず指導することができる。」とされています。このことを法的側面から見れば，学習指導要領は，教えるべき内容の「最低基準」を示していると言えます。

2　学習指導要領の構成および変遷

（1）学習指導要領の構成

2008（平成20）年3月告示の小学校学習指導要領は，総則，各教科，道徳，外国語活動，総合的な学習の時間，特別活動の6章から構成されています。

表5.2.1に示すように，「第1章　総則」は，教育課程編成の一般方針，内容等の取扱いに関する共通的事項，授業時数等の取扱い，指導計画の作成等に当たって配慮すべき事項から成り，教育課程の編成や実施のための基本的な通則が示されています。

「第2章　各教科」では，目標，各学年の目標及び内容，指導計画の作成と内容の取扱い，「第3章　道徳」，「第4章　外国語活動」では，目標，内容，指導計画の作成と内容の取扱い，「第5章　総合的な学習の時間」では，目標，各学校において定める目標及び内容，指導計画の作成と内容の取扱い，「第6章　特別活動」では，目標，各活動・学校行事の目標及び内容，指導計画の作成と内容の取扱い，の各項目から成り，それらの具体的な内容が示されています。

なお，学習指導要領は各教科・領域等の内容を総括的に示しています。これ

表5.2.1　小学校学習指導要領の構成

章	項　目
第1章　総則	教育課程編成の一般方針，内容等の取扱いに関する共通的事項，授業時数等の取扱い，指導計画の作成等に当たって配慮すべき事項
第2章　各教科	目標，各学年の目標及び内容，指導計画の作成と内容の取扱い
第3章　道徳	目標，内容，指導計画の作成と内容の取扱い
第4章　外国語活動	目標，内容，指導計画の作成と内容の取扱い
第5章　総合的な学習の時間	目標，各学校において定める目標及び内容，指導計画の作成と内容の取扱い
第6章　特別活動	目標，各活動・学校行事の目標及び内容，指導計画の作成と内容の取扱い

に対し，「学習指導要領解説」は，学習指導要領の記述内容を解説，詳述したものです。

（2）学習指導要領の変遷

　最初に出された学習指導要領は，1947（昭和22）年3月発行の「学習指導要領一般編（試案）」で，新学制の下の教育課程実施の参考的手引として出され，現在のような基準を示すものではありませんでした。1951（昭和26）年の全面改訂でも「試案」の文字は付されていましたが，1958（昭和33）年の学習指導要領改訂より「試案」は除かれ「文部省告示」となり，教育内容の国家的基準性，法的拘束力をもつものとなりました。

　小学校学習指導要領の改訂は，1951（昭和26）年，1958（昭和33）年，1968（昭和43）年，1977（昭和52）年，1989（平成元）年，1998（平成10）年，2003（平成15）年，2008（平成20）年というように，その時々の国際情勢や社会情勢，子どもを取り巻く環境，それらを受けた学力観等の変化を受けて，ほぼ10年を目途に改訂されてきています（表5.2.2）。学力観とその変遷については，後の節（5-3（2））で詳述します。

第5章　子どもは何を学ぶか

表5.2.2　学習指導要領の変遷

年	特　徴	具　体	小学校実施年度
1947 (昭和22)	試案。児童および生徒中心主義・経験主義の教育観	社会科を新設。小学校で男女共修の家庭科を設置	1947（昭和22）年度
1951 (昭和26)	試案。初版の不十分な点を整備。	生活経験に根ざした単元学習・問題解決学習	1951（昭和26）年度
1958 (昭和33)	教育課程の基準としての性格の明確化	道徳の時間の新設，科学技術教育の向上，系統的な学習を重視	1961（昭和36）年度（学年進行）
1968 (昭和43)	教育内容の一層の向上（「教育内容の現代化」）	時代の進展に対応した教育内容の導入，算数における集合等の導入等	1971（昭和46）年度（学年進行）
1977 (昭和52)	ゆとりある充実した学校生活の実現＝学習負担の適正化	各教科等の目標・内容を中核的事項に絞る	1980（昭和55）年度（学年進行）
1989 (平成元)	社会の変化に自ら対応できる心豊かな人間の育成	生活科の新設，道徳教育の充実	1992（平成4）年度（学年進行）
1998 (平成10)	基礎・基本を確実に身に付けさせ，自ら学び自ら考える力などの［生きる力］の育成	教育内容の厳選，「総合的な学習の時間」の新設	2002（平成14）年度（学年進行）
2003 (平成15) ※一部改訂	学習指導要領のねらいの一層の実現	学習指導要領に示していない内容を指導できることを明確化，個に応じた指導の例示に小学校の習熟度別指導や小・中学校の補充・発展学習を追加	2003（平成15）年度
2008〜2009 (平成20〜21)	「生きる力」の育成，基礎的・基本的な知識・技能の習得，思考力・判断力・表現力等の育成のバランス	授業時数の増，指導内容の充実，小学校外国語活動の導入	2011（平成23）年度（年次進行） 2009（平成21）年度から先行実施

（出所）　中央教育審議会「教育課程企画特別部会　論点整理　補足資料」をもとに作成

3　学習指導要領の具体である「教科書」と「教材」

　学習指導要領の内容を，学習指導に用いることができるように具体化されたものが「教科書」です。制度上は，教科書は「教科用図書」と呼ばれます。教科書の発行に関する臨時措置法第2条には，「小学校，中学校，義務教育学校，

高等学校，中等教育学校及びこれらに準ずる学校において，教育課程の構成に応じて組織排列された教科の主たる教材として，教授の用に供せられる児童又は生徒用図書」であると定められています。学校教育法第34条には「小学校においては，文部科学大臣の検定を経た教科用図書又は文部科学省が著作の名義を有する教科用図書を使用しなければならない。」とし，教科書の使用義務を定めています。この規定は，中学校，高等学校，中等教育学校等にも準用されます。教科書は1948（昭和23）年度から，国（文部科学大臣）が教科書の適否を審査する検定制度のもとに作成されています。教科書検定は，学習指導要領に適合しているかを審査し，全国の教育水準を適正に維持する役割があります（第3章参照）。

　教科書の発行に関する臨時措置法第2条の規定を受けて，教科書は「教科の主たる教材」とされています。これに対し，資料集やワークブック，ドリルといった教材を「補助教材」あるいは「副教材」などと呼んでいます。では，「教材」とは何でしょうか。教材とは，学習指導に用いる材料のすべてを呼びます。教材と似た用語として「教具」があります。教具とは，一般的に学習指導で用いる機械や器具，道具，施設や設備といった物的資源を指します。黒板，実験器材，標本や模型，掛図，運動用具，視聴覚機器，パソコンなどが該当します。ただ，標本や模型，掛図などは教材ととらえることもでき，その境界は曖昧です。教材と教具の両者を包括する概念として教材が使用されることもあります。教師がある指導の意図を持って用いるならば，あらゆるものが教材となり，また，学習者がある学習の意図を持って用いるならば，教材となり得ます。このことから，教材を考えるときの重要な点が浮かび上がってきます。すなわち，教材は，教師の指導と子どもの学習の間に位置し，指導意図と学習意図を満たし，その間にズレがないように設定すべきであるということです。教材を設定するのは教師であり，そこでは，確かな教材研究にもとづいて用いることが重要です。

4　評価の意味と役割，方法

「指導と評価の一体化」という用語があります。その意味することは後の項で説明しますが，そもそも「評価」とは何を意味するのでしょうか。また，「評価」の役割とは何でしょうか。

ここで，似た用語として「測定」，「評定」，そして「評価」のそれぞれの意味を押さえておきます。「測定」とは，対象のもつ特性をある尺度を用いて数量化することです。たとえば，気温，容量，速さなどです。「評定」とは，指導要録の5段階評定などのように数字や記号で総括的に示されたものです。学期末に担任の先生から渡される通知表，通信簿などと呼ばれるものに記載されている各教科の評定が代表的なものです。

これらに対して，「評価」とは，評価資料を収集し，それをもとにある判断基準で，その位置を示すことです。その判断基準が子どもたち共通の達成目標であったり，個人内にあったりする場合には「絶対評価」，子どもたちの集団である場合には「相対評価」と言います。現在，小学校で行なわれている評価は絶対評価であり，3～5の観点から行なわれていて「観点別評価」とも言われるものです。一例として，小学校理科では「自然事象への関心・意欲・態度」，「科学的な思考・表現」，「観察・実験の技能」，「自然事象についての知識・理解」の4つの観点が示されています。中央教育審議会の「児童生徒の学習評価の在り方について（報告）」では，基礎的・基本的な知識・技能は「知識・理解」「技能」において評価し，これらを活用して課題を解決するために必要な思考力・判断力・表現力等は「思考・表現」において評価し，主体的に学習に取り組む態度は「関心・意欲・態度」において評価することが説明されています。

評価は，教育上の何らかの目的があって行われる資料収集，情報収集と言えます。児童の関心の内容を調べるもの，理解の程度を調べるもの，指導計画を立てるために行うもの，評定のために行うもの，指導を充実させるために行う

表5.2.3 評価方法の例

評価方法	概　　要
パフォーマンス評価	評価しようとする能力や技能を実際に用いる活動の中で評価しようとする評価方法である。ペーパーテストでは評価するのに限界がある場合に用いられる。論文やレポート，展示作品など「完成作品（プロダクト）の評価」，口頭発表やスピーチ，プレゼンテーション，実験操作など「実技・実演（狭義のパフォーマンス）の評価」，活動の様子の観察や面接，ノートなどを通して行われる「観察や対話による評価」などがある。
ポートフォリオ評価	ポートフォリオの本来の意味は，紙ばさみや折りかばんのことである。教育評価では，子どもの成果物や作品，感想文や学習過程がわかるノートやメモなどを計画的に集積したり，また教師による指導と評価の記録などを系統的に蓄積したりしたものをもとに，子ども自身が学習を振り返り，自己評価したり，保護者においては子どもの成長の過程や到達度を把握したり，教師においては学習指導を振り返り，評価したり，指導の改善方法を検討したりする評価方法である。
ルーブリック	ルーブリック（評価指標）とは，学習目標の実現状況の度合いを示す数段階の尺度と，それぞれの尺度にみられる活動等の質的な特徴を示した記述語（評価規準）から成る評価基準表を言う。子どもに何ができ，何ができないかを，さらにどの程度でき，どの程度できないかを具体的に明らかにすることを重視した評価方法である。

ものなど，何のために資料や情報を収集するのかという目的が明確でなければ，的確な評価を行うことはできません。その目的を明確に設定したのち，その目的に適した評価方法を選択，実施することが求められます。評価方法の一例を表5.2.3に示します。

5　指導を改善する「指導と評価の一体化」

評価の考え方は，指導との兼ね合いで重要なものです。それは，「指導と評価の一体化」という用語に代表されます。指導と評価の一体化には，2つの意味があります。一つは，指導したことは漏らさず評価に反映させるとともに，評価することは漏れなく指導するというものです。他の一つは，評価により指導を改善・充実していくということです。このことについては，次に具体例を示します。

第5章　子どもは何を学ぶか

　教師は授業中に子どもの発言や表情等から興味・関心が高まっているか，理解は進んでいるかといったことをつねに評価しています。その評価の結果，子どもの授業内容についての関心が高まっていないとか，理解が不充分であると判断した場合には，関心が高まる説明を補足したり，理解を促す補充指導を組み入れたりします。全児童の理解が十分であると判断した場合には，発展的な学習内容を入れたりします。このようにして，評価により指導を改善，充実したものにしているのです。指導と評価は表裏一体なものと言え，このような実践を行う力が，教師の指導力ではきわめて重要です。

6　子どもは何を学ぶか

　本節ではこれまでに学習指導要領を中心に，教科書，教材，そして評価について考えてきました。そこには，子どもの学びを意図的，計画的，継続的に高めていく手だてが周到に用意されていると言えます。しかし，子どもの学びの主役は，子どもにほかなりません。子ども一人ひとり，興味や関心の対象は異なり，理解の仕方もきわめて個性的であると言えます。そこに，教師の役割，存在理由があるのだと思います。スタンダードな学習指導要領に沿った学びを展開しながら，子ども一人ひとりの思いや関心，学び方等を生かし，学習を個性的なものにするのは教師の役割だと言えます。そこに，子どもにとって意味のある，真の子どもの学びが成立するのです。

　〈もっと詳しく知りたい人のための文献紹介〉

　　安彦忠彦『改訂版　教育課程編成論——学校は何を学ぶところか』放送大学教育振興会，2006年．
　　　⇨本書は，教育課程編成について，その背後の学問的な研究成果を合わせて論じています。子どもの望ましい成長，発達のために，教師は「教育課程」をどのようにつくり，どのように改善していくべきなのか，そのために「教師」自身はどうあらねばならないのかを15の章を通して，多角的に考究して

います。

〈文　献〉

中央教育審議会「児童生徒の学習評価の在り方について（報告）」2010年3月24日。
中央教育審議会「教育課程企画特別部会　論点整理　補足資料」2015年8月26日。
今野喜清・新井郁男・児島邦宏（編）『学校教育辞典　第3版』教育出版，2014年。
文部科学省「小学校学習指導要領解説　総則編」東洋館出版社，2008年。
日本教育方法学会（編）『現代教育方法事典』図書文化社，2004年。
辰野千壽・石田恒好・北尾倫彦（監修）『教育評価事典』図書文化社，2006年。

5−3
子どもにどのような力を保障するか

1　子どもに求められる力とは何か

　子どもに求められる力とは何でしょうか。子どもに求められる力として何を重視するかという学力観については，時代ごとの社会の要請や子どもたちを取り巻く状況等によって大きく異なってきました。1998〜1999（平成10〜11）年改訂の学習指導要領，引き続いて2008〜2009（平成20〜21）年改訂の学習指導要領では「生きる力」を育成することが求められています。この「生きる力」という考えは，1996（平成8）年7月の中央教育審議会答申「21世紀を展望した我が国の教育の在り方について」において出されたものです。変化の激しい社会を担う子どもたちに必要な力は「生きる力」であるとし，この生きる力を①確かな学力，②豊かな人間性，③健やかな体，の3点から定義しました（表5.3.1）。

　この「生きる力」について，2008（平成20）年9月に出された「小学校学習指導要領解説総則編」では「改訂の基本方針」で，「今回の改訂においては，生きる力という理念は，知識基盤社会の時代においてますます重要となっていることから，これを継承し，生きる力を支える確かな学力，豊かな心，健やかな体の調和のとれた育成を重視している。」と，その重要性を社会の在り方から述べるとともに，「生きる力」とは，「知・徳・体の調和のとれた育成を重視する」としています。この考え方は，世界的潮流であるOECD（経済協力開発機構）の「キー・コンピテンシー」（主要能力）とも重なる考え方と言えます。

　キー・コンピテンシーについては，すでに第1章で述べているので，ここで

5-3 子どもにどのような力を保障するか

表5.3.1 「生きる力」

「生きる力」		
国際化や情報化の進展など，変化が激しい時代にあって，いかに社会が変化しようと必要な力。「知・徳・体のバランスの取れた力」と定義。		
①確かな学力	②豊かな人間性	③健やかな体
基礎・基本を確実に身に付け，いかに社会が変化しようと，自ら課題を見付け，自ら学び，自ら考え，主体的に判断し，行動し，よりよく問題を解決する資質や能力	自らを律しつつ，他人と共に協調し，他人を思いやる心や感動する心など	たくましく生きるための健康や体力

（出所）中央教育審議会答申「21世紀を展望した我が国の教育の在り方について（第一次答申）」1996年

表5.3.2 キー・コンピテンシーの3つの鍵となるカテゴリーとそれぞれの具体的内容

カテゴリー	具体的内容	
社会・文化的，技術的ツールを相互作用的に活用する能力	A	言語，シンボル，テクストを相互作用的に活用する能力
	B	知識や情報を相互作用的に活用する能力
	C	テクノロジーを相互作用的に活用する能力
多様な社会グループにおける人間関係形成能力	A	他人と円滑に人間関係を構築する能力
	B	協調する能力
	C	利害の対立を御し，解決する能力
自律的に行動する能力	A	大局的に行動する能力
	B	人生設計や個人の計画を作り実行する能力
	C	権利，利害，責任，限界，ニーズを表明する能力

（出所）OECD "Definition and Selection of Competencies (DeSeCo)" をもとに作成

は簡単な確認に留めておきましょう。

　キー・コンピテンシーは，
①社会・文化的，技術的ツールを相互作用的に活用する能力
②多様な社会グループにおける人間関係形成能力
③自律的に行動する能力
の3つの鍵となるカテゴリーとそれぞれ3つずつの具体的内容で説明されており，たんなる知識や技能の習得だけでなく，活用型や探究型の学習活動をめざすことの重要性に言及しています（表5.3.2）。

2　学力観とその変遷

　前項でも「学力観」という用語を用いましたが，「学力とは何であるべきか」という点から学力を論じるとき，それは「学力観」と呼びます。たとえば，「基礎学力とは？」という問いに対して，「読み・書き・計算」という指摘と，「思考力・判断力・表現力」という指摘では，「学力観」が異なっています。この学力観はその時代時代の要請，子どもを取り巻く状況や問題により，振り子のように揺れ動いていると言われます。その一例を次に述べます。

　学力観には，知識・技能を体系的に教授するべきであるとする「系統主義」と，その対極に，生活に根ざした体験や問題解決を重視する「経験主義」があります。1947（昭和22）年の学習指導要領は，当時のアメリカの影響を受けて経験主義的な学力観が重視されました。その後，経験主義では学力の低下を招くといった議論や，1957年に旧ソ連が世界初の人工衛星であるスプートニクを打ち上げ，西側諸国が科学技術の発展に危機感を抱いたスプートニクショックがきっかけとなって系統主義のカリキュラムがつくられました。1960～70年代では，受験競争，偏差値教育，詰め込み教育といった用語に代表される知識重視の系統主義教育が展開されます。1977（昭和52）年の学習指導要領では，校内暴力といった問題が噴出し，その要因として先ほどの詰め込み教育等が指摘され，その結果，いわゆる「ゆとり教育」と呼ばれる経験主義へ転換していきました。その後，1989（平成元）年の学習指導要領改訂では，「新しい学力観」という用語をスローガンとして，小学校低学年で理科，社会科が廃止され，生活科が導入されました。このときから，いわゆる目標に準拠して実施する観点別学習状況の評価を評価の基本とすることになります。1990年代を通じて，新しい学力観に基づき，指導よりも「支援」が重視されていきますが，支援が重視されたことにより，教師が指導することをためらうといった弊害も見られるようになりました。1998（平成10）年改訂の学習指導要領では，完全学校週5日制の実施にともなう授業時間数の削減，教科の学習内容の3割削減，「総合

的な学習の時間」の導入が為されます。しかし，1999年ごろから，学力の低下について大きな議論が起き，その後は「ゆとり教育」から「学力向上」，「確かな学力」へと動き，授業時間数の増加，教育内容の増加へと舵が取られ，現在に至っています。このように，学力観はその時々の社会状況や子どもを取り巻く環境の変化を受けて，振り子の揺れのように揺れ動いてきました。

3 わが国の子どもたちの学力の状況

では，わが国の子どもたちの学力はどのような状況でしょうか。ここでは，一つの国内調査と2つの国際調査からこの問題を考えてみたいと思います。

(1) 全国学力・学習状況調査

国内調査は，文部科学省が2007（平成19）年度より実施している「全国学力・学習状況調査」です。この調査の目的は，以下の3点です。

①義務教育の機会均等とその水準の維持向上の観点から，全国的な児童生徒の学力や学習状況を把握・分析し，教育施策の成果と課題を検証し，その改善を図る。

②そのような取組を通じて，教育に関する継続的な検証改善サイクルを確立する。

③学校における児童生徒への教育指導の充実や学習状況の改善等に役立てる。

調査の対象学年は小学校第6学年および中学校第3学年です。調査の内容は，「教科に関する調査」（国語，算数・数学。2012（平成24）年度および2015（平成27）年度調査では理科を追加。主として「知識」に関する問題と，主として「活用」に関する問題より構成）「生活習慣や学校環境に関する質問紙調査」（児童生徒に対する調査と，学校に対する調査より構成）より構成されています。調査の方式は，2007〜2009（平成19〜21）年度は悉皆調査，2010・2012（平成22・24）年度は抽出調査および希望利用方式，2013（平成25）年度はきめ細かい調査，2014（平成26）年度からは再び悉皆調査で実施されています。文部科学

省・国立教育政策研究所「平成27年度全国学力・学習状況調査の結果（概要）」では，次のような分析結果を示しています。
○各年度で標準化得点（公立）が低い3都道府県の平均を見ると，全国平均との差は縮小傾向にあり，学力の底上げが進展している。
○学力は改善傾向にある一方で，判断の根拠や理由を示しながら自分の考えを述べることについて課題が指摘されている。
○「学級やグループでの話し合いなどの活動で，自分の考えを深めたり，広げたりすることができているか」について，できているとする肯定的回答をした者の方が，平均正答率が高い状況であった。

（2）TIMSS
　さて，国際調査の一つは，国際教育到達度評価学会（IEA）が実施している「国際数学・理科教育動向調査の2011年調査」（Trends in International Mathematics and Science Study 2011，略称：TIMSS〈ティムズ〉2011）です。この国際調査から明らかになったわが国の児童・生徒の算数・数学，理科の学力等の特徴は次のとおりです（国立教育政策研究所，2013a）。
○小学校では，算数，理科とも前回調査（2007）に比べ，平均得点が有意に上昇するとともに，習熟度の低い児童の割合が減少し，習熟度の高い児童の割合が増加している。
○中学校では，数学，理科とも平均得点は前回調査（2007）と同程度だが，習熟度の高い生徒の割合が増加している。
○算数・数学，理科に対する意識について
・「勉強が楽しい」と回答した小学生，中学生の割合は，前回調査と比べ増加しており，特に，小学生の理科は前回調査に続き，国際平均を上回っている。一方，中学生は数学，理科ともに前回調査に続き，国際平均よりも低い。
・「希望する仕事につくために数学，理科で良い成績を取る必要がある。」と回答した中学生の割合は，前回調査と比べ増加しているが，国際平均よりも低い。

・小学生の約8割，中学生の約7割が，算数・数学，理科の授業において「私の先生はわかりやすい」と回答。
○児童生徒から見た保護者の学習に対する関わりについて
・小学生の約6割，中学生の約5割が，週に1回以上「私の親は，学校で習っていることについて私にたずねる」と回答しているが，国際平均よりも低い。

(3) PISA

　もう一つの国際調査は，経済協力開発機構（OECD）が実施している PISA (Programme for International Student Assessment) 調査です。2000年の第1回調査から2012年の第5回調査に実施した平均得点および順位の推移（表5.3.3〜表5.3.5），ならびに2012年第5回調査で行われた生徒質問紙，学校質問紙の結果から特徴的なところを見てみます。調査対象は，15歳児です。なお，表中の数学的リテラシー，科学的リテラシー，読解力については厳密な定義がなされていますが，数学的リテラシーとは数学的な力，科学的リテラシーとは科学（理科）的な力と考えて差し支えありません。読解力については通常私たちが考えるものとはやや異なりますので，次に定義を示しておきます。「読解力とは，自らの目標を達成し，自らの知識と可能性を発達させ，効果的に社会に参加するために，書かれたテキストを理解し，利用し，熟考し，これに取り組む能力である。」（国立教育政策研究所，2013b）

　2012年の PISA の生徒質問紙，学校質問紙に見られたわが国の児童生徒の特徴的な結果は次のとおりです（国立教育政策研究所，2013b）。
○「数学における興味・関心や楽しみ」（内発的動機付け），「数学における道具的動機付け」（数学の有用性，外発的な動機付け），「自己効力感」（数学の課題を効果的に解いたり，難しい数学の問題を解いたりすることができると考えている（信じている）か），「自己概念」（数学の能力に対する自己評価），「数学に対する不安」（数学の授業や数学の問題に対する無力感，ストレス）に対するわが国の生徒の肯定的な回答の割合は OECD 平均より低い。
○「数学の授業の雰囲気」が良好であることを示す回答の割合が8割以上と高

第5章　子どもは何を学ぶか

表5.3.3　数学的リテラシーの平均得点および順位の推移

	2000年調査	2003年調査	2006年調査	2009年調査	2012年調査
わが国の得点	557点	534点	523点	529点	536点
OECD 平均点	500点	500点	498点	496点	494点
順位／加盟国	1位／28か国	4位／30か国	6位／30か国	4位／34か国	2位／34か国

（出所）　国立教育政策研究所（2013b）

表5.3.4　科学的リテラシーの平均得点および順位の推移

	2000年調査	2003年調査	2006年調査	2009年調査	2012年調査
わが国の得点	550点	548点	531点	539点	547点
OECD 平均点	500点	500点	500点	501点	501点
順位／加盟国	2位／28か国	2位／30か国	3位／30か国	2位／34か国	1位／34か国

（出所）　国立教育政策研究所（2013b）

表5.3.5　読解力の平均得点および順位の推移

	2000年調査	2003年調査	2006年調査	2009年調査	2012年調査
わが国の得点	522点	498点	498点	520点	538点
OECD 平均点	500点	494点	492点	493点	496点
順位／加盟国	8位／28か国	12位／30か国	12位／30か国	5位／34か国	1位／34か国

（出所）　国立教育政策研究所（2013b）

い割合を示している。
○わが国の生徒の「学校への遅刻・無断欠席・授業のサボリ」は，国際的に見てきわめて少ない。
○生徒質問紙における「家庭の学習リソース，文化的所有物」は，いずれの指標も値は小さい。
○数学，国語，理科及びその他の教科に共通して，わが国は授業以外でその教科を全く学習しない生徒の割合が少なく，学習する生徒の割合が多いが，2009年に比べると，全く学習しない生徒の割合が増えている。

　以上の調査結果より，わが国の子どもたちの学力の状況について「得点は高いものの，算数・数学や理科について勉強することが楽しい，希望する職業に

就くためには数学・理科でよい成績を取る必要があるといった意識は低く，興味・関心や楽しみ，道具的動機付け，自己効力感，自己概念，教科に対する不安についてのわが国の生徒の肯定的な割合はOECD平均より少ない。」(国立教育政策研究所，2013b) といった課題が浮かび上がってきます。この課題は，本項の（1）および（2）での，わが国の子どもたちに身につけさせなければならない力の指摘を裏打ちするものです。

4　学習指導要領改訂の方向性

　2008（平成20）年告示の学習指導要領の総説では改訂の経緯についての説明で，「知識基盤社会」，「グローバル化」という用語を用いて，21世紀は社会のあらゆる領域がきわめて大きく変貌する時代であることを唱えています。では，これまでに経験したことがないような大きな変革が起きる社会を生き抜いていくためには，さらには，前項で見られたわが国の子どもたちの学力の状況にみられる課題を克服するためには，子どもたちにどのような学力を保証する必要があり，そこでの教師の役割・責任はどういったものになるのでしょうか。2016（平成28）年度に小学校から順次改訂されていく次期学習指導要領を審議している中央教育審議会教育課程企画特別部会の論点整理で示された補足資料には，「学習指導要領改訂の視点」として，「何ができるようになるか」，「何を学ぶか」，「どのように学ぶか」の3点を挙げ，それらを「育成すべき資質・能力を育む観点からの学習評価の充実」で繋いだ構成を示しています（図5.3.1）。
　「何ができるようになるか」では「新しい時代に必要となる資質・能力の育成」として「何を知っているか，何ができるか（個別の知識・技能）」，「知っていること，できることをどう使うか（思考力・判断力・表現力等）」，「どのように社会・世界と関わり，よりよい人生を送るか（人間性や学びに向かう力等）」を示しています。
　「何を学ぶか」では「育成すべき資質・能力を踏まえた教科・科目等の新設や目標・内容の見直し」として「グローバル社会において不可欠な英語の能力

第5章 子どもは何を学ぶか

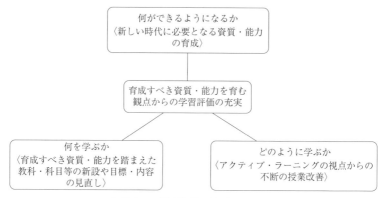

図5.3.1 学習指導要領改訂の視点
（出所）中央教育審議会「教育課程企画特別部会 論点整理 補足資料」をもとに作成

の強化や我が国の伝統的な文化に関する教育の充実」,「国家・社会の責任ある形成者として,また,自立した人間として生きる力の育成に向けた高等学校教育の改善」等を示しています。

「どのように学ぶか」では「アクティブ・ラーニングの視点からの不断の授業改善」として「習得・活用・探究という学習プロセスの中で,問題発見・解決を念頭に置いた深い学びの過程の実現ができているかどうか」,「他者との協働や外界との相互作用を通じて,自らの考えを広げ深める,対話的な学びの過程が実現できているかどうか」,「子供たちが見通しを持って粘り強く取り組み,自らの学習活動を振り返って次につなげる,主体的な学びの過程が実現できているかどうか」を示しています。

「何を学ぶか」というのは,これまでの学習指導要領の説明でも中心的に触れてきたものですが,「何を学ぶか」という結果としての,子どもたちが「何ができるようになるか」という視点,さらに,「何を学ぶか」「何ができるようになるか」のために「どのように学ぶか」という指導方法の視点は,これまでにはほとんど触れられてこなかった新しい視点であり,これは,教師の役割と責任の明確化とも受け取れるものです。

5 社会や保護者が期待するアクティブ・ラーニング

　学校教育と社会が要請する教育との乖離がこれまでにも指摘されてきました。たとえば，日本経団連の「企業の求める人材像についてのアンケート結果」によれば，大学・大学院に期待するものとして約3割の企業は「チームを組んで特定の課題に取り組む経験をさせること」を挙げていますが，現実にこのような学修を取り入れている大学・大学院は4％程度に過ぎません。また，保護者の意識も大きく変わってきています。Benesse教育研究開発センターと朝日新聞社の共同調査（2013）では，保護者は「受験に役立つ学力（67.4％）」よりも「課題を発見する力（86.2％）」や「論理的に考える力（84.1％）」，「物事を多面的に考える力（87.9％）」「主体的に行動する力（88.8％）」を育成してほしいと考えていることがわかります。ともに，実社会で活用できる力を育ててほしいと意識しています。

　このような期待に応えるとともに，わが国の子どもたちの学力の課題を改善し，21世紀に生きていく力を身に付けさせるためのものとして，前項でも触れたアクティブ・ラーニングがきわめて重要な学習指導としてクローズアップされています。アクティブ・ラーニングは次のように定義されています。「教員による一方向的な講義形式の教育とは異なり，学修者の能動的な学修への参加を取り入れた教授・学習法の総称。学修者が能動的に学修することによって，認知的，倫理的，社会的能力，教養，知識，経験を含めた汎用的能力の育成を図る。発見学習，問題解決学習，体験学習，調査学習等が含まれるが，教室内でのグループ・ディスカッション，ディベート，グループ・ワーク等も有効なアクティブ・ラーニングの方法である。」（中央教育審議会答申，2012年8月28日）また，当時の下村文部科学大臣は中央教育審議会に次期学習指導要領の改訂を諮問（2014年11月）した際に，諮問の中でアクティブ・ラーニングについて「課題の発見と解決に向けて主体的・協働的に学ぶ学習」と述べています。

　前述の「中央教育審議会教育課程企画特別部会「論点整理」補足資料（平成

27年8月26日）」では「どのように学ぶか」において，アクティブ・ラーニングのポイントとして次の3点を示しています。

①習得・活用・探究という学習プロセスの中で，問題発見・解決を念頭に置いた深い学びの過程が実現できているかどうか

②他者との協働や外界との相互作用を通じて，自らの考えを広げ深める，対話的な学びの過程が実現できているかどうか

③子供たちが見通しを持って粘り強く取り組み，自らの学習活動を振り返って次につなげる，主体的な学びの過程が実現できているかどうか

　以上の定義，さらにはポイントを踏まえたアクティブ・ラーニングが求められています。とくにこんにち言われているアクティブ・ラーニングでは，「協働的」な学習という点に注目すべきです。つまり個人の力だけでなく，グループなり多くの力を結集して課題を発見して解決するという学習体験を積ませるということが重要であるということです。異なる見方や考え方を皆で出し合い，叩き合い，磨き合って，解決をめざしていくという学習です。ここに，グローバル化した社会の中でのアクティブ・ラーニングの意味があると言えます。

6　子どもにどのような力を保障するか

　本節では，子どもたちに求められる力の考察から学力観の変遷，わが国の子どもたちの学力の状況，次期学習指導要領改訂の方向性，アクティブ・ラーニングについて考えてきました。社会が大きく変貌しようとする中で，子どもたちが身につけるべき力も大きく変わろうとしています。子どもに保証しなければならない力も当然のことながら大きく変化しつつあります。「何を学ぶか」は学習指導要領がその内容を規定しています。しかし，「どのように学ぶか」は教師の指導にかかっており，その結果として「何ができるようになるか」はひとえに教師に責任があります。時代の推移を的確にとらえ，未来に生きる子どもたちに必要な力を問い続け，指導を不断に見直し，改善することが教師に求められているのです。

〈もっと詳しく知りたい人のための文献紹介〉

日本教育方法学会（編）『教育方法37：現代カリキュラム研究と教育方法学——新学習指導要領・PISA型学力を問う』図書文化社，2008年．
⇨2008年3月に告示された学習指導要領と，それが基準としているPISA型学力（リテラシー）の問題を「第Ⅰ部　新学習指導要領とカリキュラム研究の課題」，「第Ⅱ部　PISA調査とカリキュラム研究」，「第Ⅲ部　現代カリキュラムの諸問題と教育方法学」，「第Ⅳ部　教育方法学の研究動向」の各視点から論考しています．

〈文　献〉

Benesse教育研究開発センター・朝日新聞社共同調査「学校教育に対する保護者の意識調査2012」ダイジェスト，2013年4月．http://berd.benesse.jp/up_images/research/all.pdf（2016年6月22日閲覧）
中央教育審議会答申「21世紀を展望した我が国の教育の在り方について（第一次答申）」1996年7月19日．
中央教育審議会答申「新たな未来を築くための大学教育の質的転換に向けて——生涯学び続け，主体的に考える力を育成する大学へ」用語集，2012年8月28日．
中央教育審議会「教育課程企画特別部会　論点整理　補足資料」2015年8月26日．
国立教育政策研究所（編）『TIMSS2011理科教育の国際比較——国際数学・理科教育動向調査の2011調査報告書』明石書店，2013年a．
国立教育政策研究所（編）『生きるための知識と技能5　OECD生徒の学習到達度調査（PISA）2012年調査国際結果報告書』明石書店，2013年b．
文部科学省「全国学力・学習状況調査の概要」．http://www.mext.go.jp/a_menu/shotou/gakuryoku-chousa/zenkoku/1344101.htm（2016年6月22日閲覧）
文部科学省・国立教育政策研究所「平成27年度全国学力・学習状況調査の結果（概要）」．https://www.nier.go.jp/15chousakekkahoukoku/summary.pdf（2016年6月22日閲覧）
日本経団連教育問題委員会「企業の求める人材像についてのアンケート結果」2004年11月8日．http://www.keidanren.or.jp/japanese/policy/2004/083.pdf（2016年6月22日閲覧）
ライチェン，D. S.・サルガニク，L. H.（著）立田慶裕（監訳）『キー・コンピテンシー——国際標準の学力をめざして』明石書店，2006年．

第6章
学びを支える関係性

　子どもの学びにかかわる人間関係の作用について考えます。第4章「学びを支援する人びと」は主として教職の意義・専門性にかかわる内容ですが，ここでは，日常の保育・教育活動の具体的場面において保育者・教師―子ども関係，子ども同士の関係，親子関係などそれぞれが結ぶ関係とその関係が及ぼす影響について考えます。

　関係がうまくつくりにくい社会だからこそ，なおさら関係性や関係構築の重要性が叫ばれます。保育や教育の世界も例外ではなく，教師集団，子ども集団，あるいはそれを取り巻く保護者や地域社会，それらにおける「教える」「学ぶ」ための関係構築が問われています。

【キーワード】
愛着（アタッチメント）形成　家庭の教育力　保護者理解　子育て支援　人間関係の発達　学校適応　信頼感　共感　受容　居場所　教育の奇跡

6−1
乳幼児期の関係性

1　子ども・家庭・地域・教育（保育）

（1）子どもと家庭の関係性

　乳幼児期は，生涯の学びの基盤となる人間関係が培われるきわめて大切な時期です。人とかかわる力は乳幼児期から形成され，そこで構築された関係形成能力は，その後の児童期以降の学びにも大きな影響を及ぼします。そうした子どもの関係形成能力を考える上で，まず第一に挙げられるのが，家庭における子どもの生活体験の重要性です。乳幼児期は，物理的にも心理的にも保護者に対する依存が大きい時期であり，子どもの心身の育ちへの影響力は当然大きいものになります。家庭が安定した状態にあることは，子どもにとって情緒的な安定につながるとともに，子どもは家族とのコミュニケーションを通して他者へ対する関係能力を発達させていきます。さらに家庭内で保護者から褒められる，認められるなどの体験は子どもの自尊感情や主体性を高め，その後の生活体験（学び）を豊かにする原動力となります。
　とくに親子がはじめて出会う乳児期は，親子の愛着関係形成の土台をつくる上で大切な時期です。乳児が泣いて不快感を表現したときに，その気持ちを受け止め，愛情をかけてくれる保護者の存在が，人への基本的信頼感を形成させていきます。そしてその関係性から，子どもは保護者を心の安全基地とし，外界や他者へ対する信頼感を形成していきます。また，そうした心性は，幼児期以降の保護者との分離不安を緩和し，徐々に子ども自身の遊びを充実させ，遊びを通して友だちに目を向かわせます。こうした世界の広がりが，子どもの自

表6.1.1 愛着の発達

第1段階（誕生～2か月）
　人の声や動き，顔に関心を向け，発信行動や定位行動（刺激の方向に注意を向ける行動）をする。母親を他の人から区別していない。
第2段階（2か月～6か月）
　とくに母親に対して，他の人と区別した積極的な微笑や発声，泣きなどの発信行動をする。
第3段階（6か月～2歳ころ）
　ハイハイや歩行による後追い，抱きつき，身体接触が特徴。母親をはっきりと愛着対象とし，積極的な愛着行動や分離不安を示す。一方，母親を拠点として母親から一時的に離れ，周囲の世界を探索する行動が活発になる。母親は子どもの自立した探索行動のための安全基地となる。
第4段階（3歳～）
　母親が目の前にいなくても安定していられる。愛着対象は内面化され，絶えずそばにいなくても，安心と信頼に基づいた安全基地としてのイメージを内面化することができる。

（出所）　Bowlby（1969/1976）

立と体験の拡大を無理なく促していくことにつながるのです。子どもの成長にとって安定した親子関係は，子どもの体験を広げ，学ぶ基盤を形成する上で何より重要と言えるでしょう。

（2）学びの基盤としての愛着（アタッチメント）形成

　こうした学びの基盤となる親子関係は愛着形成と呼ばれます。ボウルヴィ（Bowlby, J., 1907-1990）は，乳児と特定の他者との間で形成される情緒的な結びつきに早くから注目し，乳児が表す保護者への親密な行動を愛着（アタッチメント）と呼びました。顕著な行動としては，発信行動（泣き，微笑，発声），定位行動（注視，後追い，接近），身体接触行動（よじ登り，抱きつき，しがみつき）が挙げられます。愛着とは，安全，安心，保護への欲求にもとづいた絆であり，安定した愛着関係の形成が，子どもの基本的な生活習慣・生活能力，人に対する信頼感，豊かな情操，他人に対する思いやりや善悪の判断などの基本的倫理観，自立心や自制心，社会的なマナーなどを身につける上で重要な役割を担っています。同時にこれらは，その後の人格形成の基盤として作用し，学びの基盤としても大きく影響していきます。表6.1.1にボウルヴィの提唱した愛着の発達過程を示します。

（3）家庭の教育力の低下と子どもの育ちへの懸念

　しかし，こうした学びの基盤としての親子の愛着形成が難しい時代と言われています。現在，わが国は，少子高齢化・高度情報化・都市化・国際化・消費社会化・社会の階層化など社会の急激な変化により，人びとの価値観や生活様式が多様化しています。また，こうした社会情勢は，核家族化の進行やひとり親家庭の増加，未婚や晩婚化など，家族形態や子育て環境にも影響を及ぼし，親子の愛着形成を阻害する要因，また家庭の教育力の低下の要因とも指摘されています。

　以前は，祖父母や近所の人々など，子育ての大先輩が力を貸してくれるといった，血縁・地縁関係での子育てが容易に行える環境にありました。しかし現在は，核家族化の進行により，こうしたサポートを得られにくい状況になり，手のかかる乳幼児のいる家庭は孤立し，母子が密室状態での閉塞的な子育てをせざるを得ない状況をもたらしています。また，乳幼児に触れる機会のないまま親となり，はじめての子育てに関して戸惑い，不安を持つ親も多く，こうした子育てについての不安や悩みの増大は，育児ノイローゼや育児ストレスにもつながっています。現在では，子育ては「大変だけど楽しい」と感じられない保護者，また，子どもの特性である自己主張の強さや，落ち着きのなさなど，思うようにならないわが子に苛立ち「子どもがかわいいと思えない」と訴える保護者が増加しています。

　こうした状況は，子どもの育ちにも大きな影響を及ぼしていると思われます。現在，教育現場では子どもの暴力行為，いじめや不登校など，子どもの育ちをめぐる問題が深刻化してきています。もちろんこれらの問題には，それぞれ個別の事情や背景が複雑に絡み合っていますが，共通する要因として，他者への思いやりの心や，相手の立場に立って物事を考える能力や態度の未成熟さなど，人間関係の希薄化・閉塞化による問題が指摘されています。また，少子化や都市化，さらには子どもをめぐる事件・事故などにより，現在は学校の校庭や公園などで遊ぶ子どもの姿を見かけることが少なくなり，近所の子どもたちで形成される仲間集団も影を潜めています。遊び環境の悪化とともに，こうした社

会背景による人間関係の希薄さは，子どもの健やかな育ち，豊かな学びを支える環境をつくる上で深刻な問題といえるでしょう。

(4) 家庭・地域・教育（保育）の連携

こうした家庭や子どもをめぐる問題を受けて，文部科学省は，中央教育審議会答申（2005年1月28日）「子どもを取り巻く環境の変化を踏まえた今後の幼児教育の在り方について」において，家庭・地域と幼稚園等の施設の連携の重要性を示しました。この答申では，幼児期を生涯にわたる人間形成の基礎が培われる重要な時期ととらえ，子どもの最善の利益という観点から幼児に対する教育の在り方を提唱しています。具体的には，社会の急激な変化にともない，子どもの学びや育ちの基盤となる地域や家庭の教育力が低下していることから，幼稚園などの幼児教育機能を拡大していくことが求められています。その際，2つの方向性として「家庭・地域社会・幼稚園等施設の三者による総合的な幼児教育の推進」「幼児の生活の連続性及び発達や学びの連続性を踏まえた幼児教育の充実」を掲げています（表6.1.2）。

また，家庭・地域との連携については，2008（平成20）年に改訂された「幼稚園教育要領」「保育所保育指針」にも強く反映されています。幼稚園教育要領では，「第1章　総則」において，「幼稚園は，地域の実態や保護者の要請により教育課程に係る教育時間の終了後等に希望する者を対象に行う教育活動について，学校教育法第二十二条及び第二十三条並びにこの章の第1に示す幼稚園教育の基本を踏まえ実施すること。また，幼稚園の目的の達成に資するため，幼児の生活全体が豊かなものとなるよう家庭や地域における幼児期の教育の支援に努めること」が明記されました。また，第3章では留意事項として「家庭との連携に当たっては，保護者との情報交換の機会を設けたり，保護者と幼児との活動の機会を設けたりなどすることを通じて，保護者の幼児期の教育に関する理解が深まるよう配慮すること」「家庭との緊密な連携を図るようにすること。その際，情報交換の機会を設けたりするなど，保護者が，幼稚園と共に幼児を育てるという意識が高まるようにすること」が示され，家庭と幼稚園と

第6章 学びを支える関係性

表6.1.2 今後の幼児教育の取組の方向性

1　家庭・地域社会・幼稚園等施設の三者による総合的な幼児教育の推進
　幼稚園等施設に家庭・地域社会を加えた三者が連携しながら総合的に幼児教育を推進していく方向性である。
　この場合,幼稚園等施設においては,これまでの役割に加え,
　①家庭や地域社会における教育力を補完する役割(「失われた育ちの機会」を補完する役割)
　②家庭や地域社会が,自らその教育力を再生,向上していく取組を支援する役割(「幼児教育の牽引力」として家庭や地域社会を支援する役割)
を担うことが求められる。

2　幼児の生活の連続性及び発達や学びの連続性を踏まえた幼児教育の充実
　家庭・地域社会・幼稚園等施設の三者の連携は,「子どもの健やかな成長」を保障するという視点に立って,以下の観点から進められることが必要である。
　①幼児の「日々の生活」という観点からは,幼稚園等施設での生活と家庭や地域社会における生活の連続性が確保されていることが必要。
　②幼児の「発達や学び」という観点からは,幼稚園等施設への就園前における家庭や地域社会での生活を通した発達から,幼稚園等施設の教育を通した学び,さらには小学校以上の学習へと連続的につながっていくことが必要。

(出所)　中央教育審議会(2005)より一部抜粋

の連携の重要性が強調されています。同様に改訂された保育所保育指針においても,新たに「保護者に対する支援(第6章)」の項目が設けられ,そこでは「保育所における保護者への支援は,保育士等の業務であり,その専門性を生かした子育て支援の役割は,特に重要なものである」ことが示されています。

　このように現在,幼児教育や保育の現場には,これまで以上に家庭や地域社会との連携・支援を強化し,乳幼児期の子どもの学びと育ちを牽引していく,重要な拠点に位置付けられたことがわかります。

2　子育てを支える保育の役割──保育者と保護者の関係性

(1) 現在の幼稚園・保育所の役割──親子関係を支える

　現在,親子の愛着関係が育たない難しいケースが増えていると指摘されています。その背景としては,保護者がよい子に育てたいという期待が強過ぎて,子どもの発達や気持ちとの間にズレが生じること,24時間母親が子育てに拘束

される負担感などから，親子関係に悪影響が出ることなどが言われています。こうした親子関係形成不全に至る親側の問題としては，子育てに無関心で大人優先の考えや家庭不和，体調不良や精神疾患，発達障がいなど親自身が抱える問題が挙げられます。また，子ども側からの難しさとしては，発達の遅れや障がいによる場合も考えられます。あやしても笑い返すなどの反応が弱く親が可愛く思えない，感覚過敏があり子どもの特徴や個性を理解できず育てづらさを感じるなど，親子関係に微妙な影響を与えていきます。

　しかし今，こうした問題をたんに家庭の問題とせず，社会全体で考え支えていくことが求められています。先述のとおり，現在，幼稚園教育要領・保育所保育指針には，子育ての相談や情報提供，保護者同士の交流の機会を提供することなど，保護者支援および地域の子育て家庭に対する支援が，保育者の役割の一つとして明記されています。実際，保育実践の中では，子どもの気になる行動が，親子関係の変化により改善され，その後の育ちによい影響をもたらしたケースが多くみられます。保育の場における親子関係支援の取り組みは，親の子育て力を引き出し，子どもが本来持っている発達の芽を育んでいくことにつながっているのです。家庭や地域の教育力が低下し，育児不安や育児困難を抱える保護者が増えている現在，子育て・子育ち環境と親子関係支援を考える上で，保育者の担う役割は重要と言えるでしょう。

（2）保護者理解からはじまる子育て支援

　幼稚園・保育所は，乳児から就学前までのさまざまな育ちを理解し支える保育を実践している場です。また現在は，保護者にとっても何かあったら気軽に相談できる，手助けを得られるなど，もっとも身近な子育て相談機関としての役割が期待されています。保育現場には，日々の子どもの様子や保護者の状況，親子の関係など，日常的に接するからこそわかる親子の姿があります。また，日常的にかかわりができるからこそ，子どもや保護者の生活課題に即時に対応することが可能であり，問題の発生や悪化を未然に防ぐことができるのです。

第6章　学びを支える関係性

◆事例1
　4歳児A子のお母さんは，フルタイムの仕事に就き，早朝保育から延長保育までの長時間にわたりA子を預けて仕事をするようになりました。職場環境は厳しく真面目な母親の性格もあり，A子の体調が悪くてもなかなか休むことさえ困難でした。ある夕方，次々とお迎えに来た親と嬉しそうに帰るお友達を見送り，A子もしきりに窓の外に目をやり母親を待っています。保育者は「A子ちゃん絵本見ようか。どの絵本にする？」と，A子の気持ちに気づき膝に抱いて絵本を読みはじめました。
　そこに母親が迎えに来ました。A子は，保育者の膝から勢いよく立ち上がり，母親に抱きついていきました。ところが疲れきった顔の母親は，「早く荷物持っておいで！」とA子の気持ちを無視するように大きな声で指示してしまうのです。保育者は待ちわびていたA子の気持ちも，仕事で疲れ切り帰宅後も慌ただしい母親の状況も推測でき複雑な気持ちでしたが，「お母さんお仕事今日も忙しかったでしょう，お疲れ様でした。A子ちゃんも元気に遊んでお母さんを待っていましたよ。」と声をかけました。
　最近，A子が保育者に必要以上にベタベタ甘えたり，特別目を掛けてもらいたくてわざと集団活動から逸脱し，注意を受ける場面が多いなど愛情不足からの不安定さが気になっていましたが，その日は話さずに日をあらためてゆっくり話すことにしました。母親も精一杯の生活で余裕を失い，ついA子にきつく当たってしまうのです。このときもはっとしたように「A子今日は何食べたい？」と母親の口調が柔らかく変化していました。
　クラスでの活動を中断させたり，お友達へのいじわるをするなど何かと問題行動の多いA子に振り回されていましたが，A子の状況を理解し甘えを受けとめ安心できる関係をつくることと，母親の頑張りに共感しながらも，A子の気持ちを受けいれられるような支援を継続していくこととしました。

この事例は，保育者にさまざまな感情が沸き起こる中で，現在保護者が抱える状況や気持ちに共感し対応したことで，関係性を壊すことなく，保護者に寄り添った支援がなされています。

保育の中では，保育者が思わず保護者を批判したくなるようなケースもあります。しかし，そうした際に大切なことは「保護者は子育てパートナー」という意識を忘れないことです。「子どものため」という思いは保護者も保育者も共通のものです。「子どものために」よりよい環境を作るには何をすればよいのか，という視点で保育者が保護者と信頼関係を構築することが望まれます。

(3) 地域で支える子育て支援

保育現場と地域は，子どもの育成や子育て支援という観点から，連携していくことが大切です。保育の現場では，さまざまなニーズをもった子どもと保護者がいます。たとえば，障がいがある子どもとその保護者に対してより適切な支援を可能にするためには，地域の関係機関との連携が重要になります。また，子どもだけでなく，家庭環境が複雑だったり，保護者自身が精神疾患を抱えていたりなど難しいケースもあり，対応に苦慮することが多くあります。今，保育現場はより広い視点で，複雑な事例に対応していくことが求められています。しかし，保育の場のみでこうした子どもや家庭の支援を行うことは不可能であり，切れ目のない支援を提供するためには，地域や関係機関の連携が不可欠です。

◆事例2

3歳児のB男は，同年齢の子どもたちに比べ言葉やものの理解の遅れが気になる子どもでした。母親は，ある日の迎えの際，他児から「B男くん，叩いたんだよ」と訴えられました。また保育者から「今日，こんなことがあって…」などと言われる機会が続きました。次第に母親は，そうしたことに不安とストレスを感じるようになりました。

そうした状況に気づいた主任保育者は，B男親子への支援を検討するこ

第6章　学びを支える関係性

とにしました。まず，母親が不安や悩みを気兼ねなく相談できる信頼関係を大切に考え，B男が楽しく遊んでいる姿を肯定的に伝え，B男の可愛い姿を共有することを第一に考えました。また，日々の子育てをねぎらい，「疲れていない？　身体の調子は大丈夫？」と，温かい言葉かけを行うことで，母親の心を解きほぐし，安心して相談できる体制作りをめざしました。

　　B男が保育者に受け入れられていることを感じた母親は，頑なな態度も徐々に和らぎ，保育者にも「発達に遅れがあるのでしょうか？」などと話しかけてくるようになりました。そこで，B男の発達相談を専門機関で受けるよう勧め，その後発達検査と相談を経て早期療育につなぐことができました。当該園からは何人かの親子が通っているため，孤立気味の母親にも子育て仲間ができはじめました。また保育現場と療育機関とも連携が図られ，B男の情報交換や保育見学，ケース会議，親との懇談などさまざまなかたちでB男の発達支援と，親への子育て支援が提供されていきました。こうした支援の中，母親は次第に明るくなり自信をもってB男を育て，保育中の様子も丁寧に聞くようになりました。

　B男の遅れを認めたくないと頑なだった母親の変化は，保育現場だけでの対応ではなく，療育関係機関など，母親を取り巻く支援の輪が広がったことで可能となった支援によると言えるでしょう。このように，さまざまな子育ち・子育て支援活動を行う地域の関係機関との連携は，保育現場の持っている支援機能を拡大し成熟させていくことにもつながります。

3　乳幼児期の人間関係の発達——保育が支える子ども同士の関係性

（1）人間関係や自己の基盤をつくる乳幼児期

　現在，教育現場では，不登校，いじめ，校内暴力，児童の社会性の不足，規範意識の低下など，児童をめぐるさまざまな問題が指摘されています。これは

人間関係の薄さにより，子ども同士が互いに認め合う心が不足してきたことが一つの原因と言われています。幼児期を見ても，大人と同じ夜型中心の生活になり外遊びが本当に少なくなりました。外遊びが減ったことにともなう，運動遊びや自然の中での遊びの減少は，子どもの感性や感覚統合，友だちとのコミュニケーション力の育ちに大きく影響を与えます。またそのことは，子どもの感情コントロールや自制心といった，子どもの自我の育ちにも悪影響を与えます。

　このような状況において，乳幼児がはじめて集団生活を体験する幼稚園や保育所の役割はますます重要なものとなっています。子どもが豊かな生活や充実した学びをしていくためには，発達に即した経験を通して，人への信頼感を育み，人間関係を培い，自己を確立していく過程が不可欠です。乳幼児期は，まさにそうした基盤をつくる大切な時期です。地域や家庭の教育力が低下し，小学校以降の子どもの問題が増加してきている今，子どもたちがはじめて人間関係を経験する保育の場，その中で保育者が担う役割はとても大きいと言えるでしょう。

（2）0歳児の人間関係の育ちと保育者の役割

発達特徴

　生後2か月くらいまでは，泣いている，おっぱいを飲む，寝るの繰り返しですが，2か月を過ぎると，首の筋肉も発達し，目で物を追いかける「追視」の範囲が広がるとともに，人の顔をじっと見つめる姿も見られるようになります。機嫌のよいときは「アー」「ウー」「クー」などと声を出すようになり，3か月ごろになると，表情が豊かになり，保護者や保育者にあやしてもらう際，笑顔も出るようになります。

　6～7か月ごろになると喜怒哀楽もはっきりしはじめ，自分がほしい物に手が届かなかったり，持っている物を取り上げられたりすると，泣いて怒ったりもします。また，顔の見分けがつくようになるので，知らない人に抱っこされると泣き出すなど，ひとみしりが見られるようになる時期です。

生後8か月ごろには，おすわりや腹ばいの状態で前進したり，はいはいができるようになります。また，手に持ったおもちゃを持ち変えるなど，手先の器用さも増してきます。9か月ごろになると，つかまり立ちができるようになり，10〜11か月ごろには，はいはいのスピードもはやくなり，壁や家具を支えに伝い歩きもできるようになります。情緒の面においても，嬉しいときの笑顔，「いや」の表現，自分の要求など，自分の意思表示をはっきりするようになり，ひとみしりや後追いも激しくなる時期です。10か月ごろには，人に伝えようとする姿も見られるようになり，「ウッー」「アーアー」などの発声や指差し，バイバイなどのまねもできるようになります。

◆事例3
　C男は，入園して2か月，現在6か月の男の子です。C男は泣くことが多く，不安感が強い子どもでした。担当の保育者は，C男と楽しく遊び信頼関係をつくるため，「二本橋こーちょこちょー叩いてつねって〜」とふれ合い遊びを毎日繰り返します。当初，硬い表情のC男でしたが，手足をバタバタさせて喜ぶようになりました。少しずつ保育士に安心感を持ちはじめている様子です。

保育者の役割

　この事例では，保育者がふれ合い遊びを通して，時間をかけながらC男と信頼関係をつくり，愛着対象の一人として受けいれられていく様子が見られます。
　このように，0歳初期は，泣くことで快，不快を表出します。保育者は受容的，応答的にかかわることで，まず人への信頼感を育てていくことが大切です。0歳後半から1歳にかけては，周囲への興味，関心がさらに増し，自ら人や物に働きかける姿が強くなります。保育者への愛着や友だちへの関心などコミュニケーションすることで安心感を増し，自分の世界を広げていきます。この時期の子どもの育ちを見通し，個々の育ちに合った応答的なかかわりと，友だちに目が向くような意図的な保育をめざしていきたいところです。

また，この時期，保護者に対しては，赤ちゃんの泣いて知らせるサインや表情，しぐさから気持ちを汲み取ることの意味を伝えていくことが大切です。言葉のない赤ちゃんの気持ちを受け止め，応えてあげる，情緒的な双方向の応答関係が，親子の愛着関係を深めていきます。

（3） 1歳児の人間関係の育ちと保育者の役割

発達特徴

1歳から1歳半ごろは，つたい歩きが活発になり，1歳3か月ごろまでには歩きはじめ，その後徐々に歩行が安定してきます。

言語・コミュニケーション面は，1歳ごろから「ママ」「パパ」など初語が出はじめ，大人の言うことも少しずつ理解できるようになります。また，言葉だけでなく，指差しや身ぶりなどを用いて自分の意図を積極的に伝えようともします。1歳半を過ぎると語彙の数が増えはじめ，2歳になるころには2語文がでるようになります。また，「いや」「だめ」など否定語を使用することが増えてきます。物を指差し「なに？」と尋ねるなど，物に名称があることを理解しはじめ，大人の言うことはかなりわかるようになります。

社会性の面では，1歳後半になると，自己主張が強くなり自分でするという気持ちが強くなってきます。しかし，できないことや大人から制止されることもあり，泣くことやかんしゃくが多くなる時期です。所有欲が強くなり，友だちとおもちゃの取り合いでのいざこざが増えてきます。

◆事例4

いつも甘えん坊のD子。保育者がE子と絵本を見ているところに来て，「でっで（よんで）」と割り込んできました。保「D子ちゃんまっててね」，D子「(いや) だー」と絵本を読んでもらえず怒り出します。保育者はE子とのあそびを終え，「D子ちゃん，絵本みようか」と傍に行くと，D子の表情がやわらいでいきました。お友だちと一緒でも，『わたしだけを見て！』と訴えたいD子でした。

第6章　学びを支える関係性

◆事例5
　トイレで排泄を済ませた子どもたち。保育者が子どもたちのズボンをはきやすいように並べると，F子がすぐにズボンの所に寄ってきました。すると，側にいたG子がフラフラとして，なかなかズボンをはく様子が見られません。F子は自分のズボンを持ってG子の隣に行き，誘うようにズボンを置きました。G子はF子のズボンを見て「F子ちゃんのズボンお花ついてるね」と言い，F子も得意になって「F子のズボンだよ」と教えています。G子も急いで「これねG子の」と2人はズボンを見せ合い，「いっしょだね」「いっしょ！」と顔を見合わせて笑いながら，いっしょにズボンをはいていました。

保育者の役割

　事例4では，1歳のD子の保育者を独占したいという気持ちとともに，自分の思いを伝えたいという自我の芽生えが感じられます。また，事例5では，1歳の子どもたちが，友だちとかかわることの楽しさを感じはじめている様子が見受けられます。
　1歳児期は，歩行の安定，手指などの発達，言葉の獲得により自己の世界を拡げていきます。自分でできることが増える反面，できることと思い通りにいかないことの矛盾が大きい時期でもあります。また，友だちを求める気持ちも強まりますが，同時にトラブルも多くなります。友だちと一緒にあそびたいと願う子どもの気持ちを受けとめ，発達の道筋を見通した保育の中で，コミュニケーション力や自我の育ちを見守ることが大切です。
　また，保護者に対しては，感情の起伏が激しいこの時期について，言葉の育ちとともにかんしゃくは次第に落ち着いていくことを伝えながら，イライラしてしまう保護者の気持ちを受け止める配慮が大切です。子どもの気持ちを大人が言葉にしてあげることが，子どもの言葉の育ちや気持ちのコントロールにつながりやすいことを伝えることも必要です。

（4）2歳児の人間関係の育ちと保育者の役割

発達特徴

2歳児になると全身の運動機能が向上し，走る，押す，引っ張る，投げる，運ぶ，積む，ぶら下がるなどができるようになります。言語面では，2語文がではじめ，2歳児後半には3語文，4語文と増えていき，しきりに「これなあに？」と物の名前を知りたがり，おとなに答えてもらう姿が見られるようになります。しかし，この時期はまだ言葉よりも表情や行動で表現することが多いのも特徴です。

社会性の面では，遊びや生活の中でなんでも「自分でする」という自己主張が強くなります。しかし，自分でできなかったり，大人に制限されたり，思い通りに行かない場面では激しい抵抗やかんしゃくを起こすこともあります。また反面，なんでも「イヤ」と否定することや，「できない」「やって」と甘え（依存）が強くでることも多く，感情的に揺れ動きやすい時期といえます。友だちとのかかわりは，大人の仲介があれば，おもちゃの貸し借りや遊ぶ順番，交代などがわかるようになります。しかし，まだ他者理解が十分ではなく，自分の思いを通そうとしてけんかになることが多い時期です。

◆事例6

「乾杯！」ごっこが大好きな子どもたち。「かんぱ～い！」「おめでとう！」と何度も乾杯を繰り返して遊んでいます。H子が突然I子のコップを取り上げ，「H子の！」と主張します。I子は「ダメ！　I子ちゃんのだよ！」，H子はしらん顔をして，乾杯を続けています。それを見ていたJ子が「I子ちゃんのでしょ！」と強い口調で教えています。K子やL子も一緒に「I子ちゃんの！」と声を揃えて言いはじめました。H子は責められ，大泣きしながらテーブルのコップをぐちゃぐちゃにしてしまいました。友だちの味方を得て取られた悔しさが消えたI子は，「H子ちゃん，いいよ」とコップを譲ります。H子は泣き笑いの表情でコップを受け取り，みんなと乾杯のあそびを再開しました。

第6章　学びを支える関係性

保育者の役割

　この事例は，ごっこ遊びの途中，H子がI子のコップを取ってしまいみんなから責められてしまいます。しかし，I子がコップをH子に譲ることで，ごっこ遊びが再開され，楽しくみんなで遊びが続く様子がみられます。

　このように2歳児期は，自我の発達から，自己主張やこだわりが強くみられる時期といえます。しかし一方で，子ども同士の"みんなと一緒がよい""みんなで遊ぶことが楽しい"との思いも強くなる時期です。友だちと葛藤しながらも，相手の主張を受け入れることも少しずつできるようになります。保育者は，それぞれの子どもの思いに寄り添い，子どもが自分で考え自分で決めて，自分で行動していけるよう見守りと援助を行うことが大切です。また，ごっこ遊びも楽しめるようになるので，遊びを通して子どもたち同士をつなげていく保育の展開を考えることが必要です。

　保護者に対しては，この時期の子育ての大変さに共感することが大切です。保護者への助言としては，子どもがやろうとすることは，まずやらせてみて，辛抱強く子どもの育ちを待つこと，また，やりたい気持ちと動作が一致しないことが多いので失敗が多いが叱らず，できたことをほめることの大切さを伝えることが重要です。

(5) 3歳児の人間関係の育ちと保育者の役割

発達特徴

　3歳になると，自分を表現するのに，「ぼく」「わたし」のような代名詞を使うことや，「疲れた」「お腹すいた」などと自分の状態を言葉にすることができるようになります。3歳後半には，順序立った長い話ができるようになり，記憶力も向上しているため，園であったことなど経験したことも話せるようになります。また，知的好奇心が高まる時期なので，大人に「なんで？」「どうして？」と質問することが増えます。イメージを膨らませることもできるようになり，ごっこ遊びがさかんになる時期でもあります。まだ自己主張は強く残る時期ではありますが，順番や交代などの約束事もわかるようになるなど，気持

6-1 乳幼児期の関係性

ちの切り替えも少しずつできるようになってきます。ただし，言葉がまだ未熟なため，自分の気持ちや思いをうまく伝えることができず，友だちとけんかになることも多い時期です。

◆事例7

　レストランごっこを始めると，M男・N子・O子・P男の4人みんながウェイトレスをしたいと譲りません。保「ウェイトレスさんお料理作るの？」N子「コックさんだよ」保「そうだね，コックさんは居なくていいの？」M男「でもウェイトレスがいい」O子「O子も」，お客さんの注文を聞いたりして，やりとりが楽しいウェイトレスへの希望が強く，お店の奥で仕事をするコックさんの役割が理解できない様子です。保「そうかみんなウェイトレスさんしたいのか，どうしよう？　でもコックさん居なかったらお料理作れないよ」。するとM男「ん～，コックさんしてもいいよ……」N子「N子もいいよ……」そのやりとりを聞いていたP男が，「M男，N子ありがとう。次はP男もコックさんしようかな……」と役が決まりあそびが始まりました。後日，P男は「今日はコックさんになるよ」と自分からコック役を引き受けました。

保育者の役割

　この事例では，保育者がリードしながらごっこ遊びを展開し，子ども同士の遊びのイメージとやり取りを促進している様子がうかがえます。またごっこ遊びを通して，子どもたちが遊びの展開や相手の気持ちに応じて，自分の気持ちや役割に折り合いをつけながら遊ぶ姿がみられます。このように3歳児期は，クラスの遊びや生活，活動が活発化し友だち同士のつながりが深まる時期です。その反面，まだ自己主張が強く，友だちとの摩擦が生じやすいのも特徴です。保育者は，このような子どもの姿や思いを受け止め，友だちと十分にかかわる遊びや活動を準備し，同じ目的を共有できるよう，子どもの言葉を補いながら，見守っていくことが大切です。

　けんかも多いこの時期，保護者に対しては，いざこざを通して子どもたちが

第6章 学びを支える関係性

どのように成長していくのか，その意味を丁寧に説明することが大切です。子どもたちは葛藤を経験しながら，徐々に相手の気持ちを理解できるように成長していきます。

（6） 4歳児の人間関係の育ちと保育者の役割

発達特徴

4歳になると，大人と不自由なく日常会話もできるようになり，友だちとも会話を通して遊びを継続させられるようになります。また，わざと悪い言葉や不適切な言葉を使うことも多くなる時期です。5～6人の友だちとのグループ遊びやごっこ遊びなど，大人を介さずとも，かなり長い時間遊べるようになってきます。友だち同士で場面設定を相談して決めてから，お互いに考えを出し合って自分たちで遊んだり，ルールのある遊びやゲームを楽しむこともできるようになります。しかし，友だち同士のかかわりが増えるため，けんかも多く見られる時期で，自分たちでは収拾がつかず，保育者の手を借りることも多い時期です。また，友だち関係もこれまでより複雑になり，子どもの中での力関係や，「入れてあげない」といった仲間はずれ，友だちとの競争意識によるけんかなど，この年齢特有の問題が浮上する時期でもあります。

◆事例8

最近，クラスでは大型積み木で飛行機や船を作っての探検ごっこが大流行しています。飛行機や船の先端には三角形の積み木が必要です。ホールに走って行き三角形の積み木を確保する男児の姿がよく見られるようになっていました。あるとき，Q男は三角形の積み木を5個並べて遊んでいました。R男が「Q男，三角形の積み木1個ちょうだい。船にするんだ」と頼みに来ました。すると「S男にもちょうだいー」とS男もやってきました。Q男「だめー，今使っているから」と貸しません。R男とS男が困っていると，近くにいたT男が「Q男，三角形の積み木はみんなで使うんだよ，先生に言ってやろう！」と強い口調で言いました。Q男はイ

ライラしふくれた表情で「今貸してあげるところなの!!」と言い，R男とS男に1個ずつ渡し残りの3個を持って違うところに遊びに行きました。

　最近クラスでは，もめごとや自分の意思が通らないときなどに，「先生に言うから」と子どもたちがよく口にします。自分の主張を通したいときに使うことが多く，保育者はクラスで話し合いを持つことにしました。保「お友だちの嫌がることを言って喧嘩になったり，すぐ先生に言うから，と言うことあるけどみんなはどう思う？」子どもたちは「だめー」「やだー」「悲しくなると思う」などと答えます。保「じゃあ，どうしてお友だちの嫌がることや，傷つけること言ったらだめなんだろう？」子どもたちは考えているがすぐには答えられません。保「先生がだめだよって言うから，言ったらだめなのかな」，U男，V男，W男「うん」保「じゃあ，先生が見ていなかったり，注意しなかったら嫌なことしてもいいのかな？先生が見ているときだけ優しくすればいいの？」子どもたちの沈黙が続きます。そのときX子が「先生が見てるからじゃなくて，お友だちが嫌な気持ちになるから，しちゃだめ」，Y子「お友だちがどんな気持ちかなぁって考えて，優しくするの」などの意見が出されました。そこから相手を思いやる意見が多くだされ，話し合いが活発になりました。

保育者の役割

　この事例は，保育者が遊びの中で起こった出来事を取り上げ，子どもたちと一緒に話し合いをしている場面です。その中で，保育者は子どもたちに問いかけながら，自分たちで考えられる展開を作り，子どもたち自身の気づきを促進しています。このように4歳児期は，語彙数の飛躍的な増加による会話がさかんになり，思考の手段としての言葉（内言語）の育ちが見られる時期です。そのため友だちとのかかわりやクラスでの話し合い場面では「自分の素の感情」と「こうありたい自分」の葛藤が多くなります。「こうありたい自分」に向かって自らをコントロールする力が高まる時期と考え，保育者は子どもたちが自分を主張しながらも，相手の思いに気づいていけるよう援助することが大切です。

また，自意識が高まる4歳児期は，競争心が高まり，自慢したり，自分の能力や持ち物を誇張してしゃべったり，自分を強く見せるためのウソを言うなど，保護者にとっては心配になる場面が多くなる時期でもあります。こうした際，保育者は子どものどのような心の育ちが，そうした言動に結びついているのかを説明できることが大切です。この時期の自意識の高まりは，自他の区別ができるようになるために生じるものであり，他者の気持ちについて理解できる素地として，大切な心の育ちであることを保護者には伝えていきたいところです。

（7）5歳児の人間関係の育ちと保育者の役割

発達特徴

5歳になると，大人とスムーズに会話することができ，自分より年齢が低い乳幼児には話し方を変えるなど，相手に合わせて話す力も育ってきます。友だち関係では，自分たちでルールを決めたり，遊びを独創的に発展させたりと子ども同士で相談しながら，遊びを継続展開していく力がついてくる時期です。いざこざが起こっても，大人が介入しなくても自分たちで解決できる場面も増えてきます。相手の気持ちや感情，自分が相手にどのように思われているかを考えるなど，他者視点を持てるようになり，そのことがやさしさや思いやりの行動につながっていきます。しかし一方で，そうした力が，ウソをつくことや，大人の見えないところで悪いことをするなどの行為に結びつくこともある時期です。

◆事例9

　年長組になって入園してきたZ男は特別支援保育の対象児で，人とのコミュニケーションが苦手でこだわりも強く，クラス集団に入ることに不安と期待がある子どもでした。

　それでも少しずつ園生活に慣れてきた秋，生活発表会で劇「エルマーのぼうけん」に取り組みます。Z男はA太とともにワニ役になりますが，出番がわからずウロウロし「もうZ男，わからないからいやだ！」とA

太に言われ泣いてしまいます。B美「そんなこと言ったらZ男かわいそうでしょ」C美「Z男だって頑張ってるんだよ」，保育者は「だいじなことだからクラスのみんなで考えてみようか」と，練習後話し合いの時間を持つことにしました。B美「クラスのみんなでいい劇にしようって練習しているのに，A太ったらZ男に教えてあげないで嫌なこと言っている」他児からもA太を責める発言がみられます。保「Z男くんも本当はみんなと一緒にいい劇作って発表会で見てもらいたいよね。じゃあどうすればいいのかな？」D太「あのね，A太がZ男と手をつないで教えてあげたらいいんじゃない」E美「A太わかったかい？」。子どもたちの話し合いでは，みんなでいい劇を作りたい，Z男は大切なクラスの仲間というメッセージが伝わってきました。

　当日，いよいよ年長組の劇の発表になりワニ役の登場。舞台の袖では，クラスの子どもたちが息をのんで見守って居る中で，Z男「棒付きキャンディーだいすきです」のセリフを勢い余って，一人で大きな声でセリフ後半の「だいすきです」だけを言ってしまいます。その後もう一度A太が「棒付きキャンディーだいすきです」と笑顔で言う。大勢の観客の前で役を演じたZ男に，舞台の横で待機している子どもたちから思わず「Z男やったー，すごいぞー」と拍手がおき，子どもたちの一体感と感動は会場にも広がりました。

保育者の役割

　この事例は，劇活動の練習で起きたいざこざを通して，子どもたちがクラスみんなでつくることの大切さや仲間への思いやりなど，集団としての意識が育っている様子がうかがえます。

　このように5歳児期は，自分の思いを相手に伝えるコミュニケーションとしての言葉に加え，言葉で考える力がつき自己内対話を通して気持ちをコントロールしたり，集団の中の自分をより意識できるようになります。保育の中で話し合い活動を活発に行うなど，子どもが自分たちで考えて決め，行事や共同の

目標に向かう活動で一体感を増していくことが大切です。その際，保育者は一人ひとりの考えを尊重し，子どもたち自身が意欲的に生活やあそびをつくっていけるよう援助する必要があります。

　就学前のこの時期，保護者に対しては，あらためて家庭で十分に安心感や愛情を受けられることが，子どもの意欲や活力につながることを伝えることが大切です。また，幼稚園・保育所において子どもがどのように成長してきたのか，親子の関係を含めあらためて考える機会を提供していくことも保育者の大切な役割と言えます。

4　社会全体で行う子育て

　現在，子どもや青年の対人関係能力や規範意識の弱さ，コミュニケーション能力の低下など，子どもの社会性に関する問題は，多くの保育・教育現場から共通して聞こえてくる課題です。また，現在は，家庭や地域の教育力の低下，親子関係不全など，子ども家庭に関する課題も指摘されています。こうした現代的な課題を乗り越えるために，中心的役割を期待されているのが保育（教育）現場です。保育を通した子ども同士の交流，その中での人間関係の構築など，さまざまな社会体験をできる場として，その機能を有効に活用することが求められます。また，保護者に対しても相談援助や親子遊び提供，親子関係支援など，子育て支援機能の充実が求められています。

　そして当然，こうした幅広い子ども家庭への育成支援を展開するためには，保育者により広範な専門知識・技能が必要となります。現場の実情に即した保育者養成，現職保育者に対する研修の充実や人材育成はもちろんのこと，保育現場における適切な人員の配置，地域活動を担うボランティア等の人材確保，育成などを含め，現代の子ども・子育てを支える人材を確保する総合的な環境づくりが求められるところです。

　最後に，次の世代を担う子どもたちを育てるため，子育ての直接の当事者である保護者だけではなく，国，地方公共団体，企業，子育てに直接関係のない

6-1 乳幼児期の関係性

地域の住民など，すべての人々が子育て・子育ちに参画する社会がめざされる必要があります。また，医療・教育・福祉・就労など子どもにかかわる関係機関が連携を密にし，さらに地域の住民も取り込みながら，子どもの健全育成のための総合的なネットワークを構築することが求められると言えるでしょう。

〈もっと詳しく知りたい人のための文献紹介〉

大藪泰・林もも子・小塩真司・福川康之『人間関係の生涯発達心理学』丸善出版，2014年。
　⇨自分と他者，そして心の中の他人へのイメージは人生の中でつねに付きまとい，発達と密接に関係します。本書では生涯の発達段階を胎児期から超高齢期までの12段階に分けて各年齢での心理を解説しています。
数井みゆき・遠藤利彦（編著）『アタッチメント――生涯にわたる絆』ミネルヴァ書房，2005年。
　⇨ボウルヴィが提示したアタッチメント理論は，親子関係および人の生涯にわたる関係のあり方について多くの考察を引き出してきました。本書では，乳幼児期の親子関係，子どもの仲間関係，また保育者や教師と子どものアタッチメントをはじめとし，生涯にわたるアタッチメントの発達論について解説しています。

〈文　献〉

Bowlby, J., *Attachment and Loss : Vol. 1, Attachment,* New York : Basic, 1969. ボウルビィ，J.（著）黒田実郎ほか（訳）『母子関係の理論1　愛着行動』岩崎学術出版社，1976年。
中央教育審議会「子どもを取り巻く環境の変化を踏まえた今後の幼児教育の在り方について――子どもの最善の利益のために幼児教育を考える」2005年1月28日。http://www.mext.go.jp/b_menu/shingi/chukyo/chukyo0/toushin/05013102.htm（2016年7月25日閲覧）
厚生労働省「保育所保育指針解説書」2008年4月。http://www.mhlw.go.jp/bunya/kodomo/hoiku04/pdf/hoiku04b.pdf（2016年7月25日閲覧）
文部科学省「幼稚園教育要領解説」2008年7月。http://www.mext.go.jp/a_menu/shotou/new-cs/youryou/youkaisetsu.pdf（2016年7月25日閲覧）

6-2
児童期・思春期の関係性

1 「教える―学ぶ」関係の基盤となるもの

(1) 適応と他者との関係

　児童期は，乳幼児期に培われた学びの基盤となる能力がさらに発展していく時期です。数か月単位で身体や行動が劇的に変化していく乳幼児期と比べると，児童期は相対的に変化が少ない（安定した）ようにみえる時期ですが，学校教育という環境の中に生活や学びの場がシフトするため，子どもにとっては非常に大きな出来事であると言われています。この保育所・幼稚園から小学校へ，または小学校から中学校へ移行する時期に「小1プロブレム」や「中1ギャップ」といった適応上の問題が起こりやすいということも言われています。

　「関係」という視点からみたとき，乳幼児期は関係の「形成」「構築」に重きが置かれるとすると，児童期は関係の「調整」「安定」「般化」に重きがおかれると言えそうです。乳幼児期における重要な他者（多くは保護者）との繋がりや関係が基盤となって，児童期はより幅広い関係の中でその心のあり方が変化・深化していく時期として位置づけられます。

　学校教育においては，学び，つまり学力や体力といった観点が重要であることは言を俟たないのですが，人と人が一緒に生活をし，さまざまなことを経験していく場として人間関係のあり方という視点も非常に重要です。教育活動における子どもの適応に重要な影響を与えうる存在として，第一に挙げられるのは教師です。教師との関係は，児童の学級適応の問題だけでなく，人格形成などにも影響を及ぼすことがこれまでの研究で示されてきています。その中でも

近年は「教師に対する信頼感」の重要性を指摘する論文もみられるようになってきました。児童と信頼関係を築こうと努める教師の存在と，教師は自分を援助してくれるという児童の意識が学級適応感につながるという指摘もあります（小林・仲田，1997）。信頼できる重要な他者と関係を築くことは，児童期を通して学びや適応の基盤となり，その後に続く青年期にも影響を及ぼすものだと考えられます。それでは，その関係を調整し，安定させていくためには，どのような視点が重要なのでしょうか。本節では「信頼感」をキーワードに人と人との関係のあり方について考え，さらには「教える─学ぶ」といった営みについて考えていきたいと思います。なお，本節では小学校に通う子どもを児童，中学校に通う子どもを生徒と表記し，児童生徒という語を用いる場合は，年齢にかかわらず子ども一般を指すものとします。

（2）信頼感とは

　小林・仲田（1997）は，児童生徒の学校適応に影響を及ぼす要因として，教師と児童生徒の相互の「信頼感」の重要性を指摘しています。それでは「信頼感」とはどのようなものなのでしょうか。信頼感という言葉の定義自体はまだ明確なものはないようですが，以下の特徴があるようです。
①パートナーの行動の予測可能性
②パートナーの行動を頼りになるとみなすこと
③パートナーとの関係性に対する自信と安心感

　これらの特徴をふまえると，信頼感とは「パートナーの行動を信じて，頼ることであり，パートナーの行動の予測可能性，パートナーとの関係性に対する自信と安心感」と定義されるようです。

　まず，パートナーの行動が予測可能であるためには，ある程度パートナーの行動が一貫していることが重要となります。気分によって大きく行動が変わる，たとえば自分がある行動をとったとき，パートナーがあるときは喜び，あるときは怒ったり悲しんだりする。このようなパートナーの存在は，非常に理解するのが難しく，自分はどのようにふるまったらよいのかの判断を非常に戸惑わ

せます。対人関係においては「(自分が)〜〜すれば、相手は〇〇するだろう」という予測のもとに私たちの日々のコミュニケーション行動は選択されるので、この予測可能性という特徴は非常に重要な視点であると思われます。

　つぎに、パートナーの行動が予測可能なものであったとしても、その行動が自分にとって頼りになるものかどうかが分かれ目になる、ということです。パートナーの行動についての自分の予測が当たっていたとしても、自分に不利益をもたらしたり、自分にとって頼りにならない行動をとったりする人を「信頼する」ことは、生活する上でのリスクがあまりにも大きいと考えられます。このポイントは、生態学的な適応の観点から見ても妥当な指摘だと思われます。

　そして3点目は、「相手と自分がうまくやっている感覚」を自身の中にもてること、パートナーとの相互作用（やりとり）が自分にとって安心できるものであることが重要である、ということを指摘していると思われます。仮にパートナーの行動が予測可能なもので、かつその行動が自分にとって頼りになる、またはメリットがある行動であったとしても、疑いの念をパートナーに対して持っていたり、ギスギスした関係であったりする場合、そのパートナーとの関係は「信頼関係」と呼ぶことができるでしょうか。

　このように、「信頼感」というものをどのようにとらえるのか、その諸相について考えてみました。これまでみてきたところ、信頼感とは、漠然と相手に依存したりおもねったりする心のあり方ではないようです。むしろ、他者の行動を状況に照らし合わせて評価し、その他者の行動が自分に利するものか不利益をもたらすものかを判断し、さらにはそのような関係のあり方についての情緒的な側面が複雑に入り混じった判断といったものも含みうる心の活動であることが示唆されました。それでは、この信頼感にもとづいた関係は、教育場面や学校生活においてどのような影響を及ぼすのでしょうか。いくつかの心理学的知見を紹介しながら考えをすすめていきたいと思います。

（3）教師に対する信頼感と学校適応感との関連

　中井・庄司（2008）は、中学生の教師に対する信頼感と学校適応感との関連

を検討しています。その結果，生徒が教師に寄せる信頼感は，教師との関係のよさを示す「教師関係」だけでなく，「学習意欲」「進路意識」「規則への態度」「特別活動への態度」といった，その他の学校適応感の側面にも影響を及ぼすことが示唆されました。また，中学1年生から3年生にかけて，教師に対する「安心感」が生徒の学校適応感に影響を与えていることから，教師との関係において生徒が「安心感」を抱くことが，生徒のメンタルヘルスの維持や学校生活の質の向上に寄与する可能性も示唆されました。

　さらに，この信頼感は，生徒が今現在かかわっている教師との関係だけでなく，過去の教師とのかかわりの経験も影響していることも指摘されています（中井・庄司，2009）。過去の教師との関係において，「教師からの受容経験」「教師からの承認経験」「教師との親密な関わり経験」を多く経験している生徒の方が，そうでない生徒と比べて教師に対する信頼感の得点が高い傾向が示されました。この研究が示唆していることは，生徒にとって「特定の他者」である過去の教師とのかかわり経験が「教師」という職業や「教師」という役割をもつ人に対する特定の（ときには偏った）見方として機能し，生徒の個人内の心理的要因となりうるということです。

　中井らの研究は中学生を調査対象としているため，これらの結果を小学生にもそのまま当てはめて考えることには慎重になるべきです。しかし，中学生にとっての「過去の教師」には小学校で出会った教師も対象となりうることを考えれば（実際の質問紙には小学校のときの先生も対象としてよいことが明記されています），教師に対して信頼感を寄せられるかどうかは教育現場の教師—生徒関係において非常に重要なポイントであると言えると思います。さらには，現在の生徒とのかかわりがその後の児童生徒の対人関係のあり方に影響を及ぼしうるということを考えると，教師との出会いは生徒のその後の人生に何かしらの影響を与えうるターニングポイントの連続であると言っても言い過ぎではないのかもしれません。

（4）信頼感にもとづいた教師との関係をどう構築するか

　それでは，信頼感をキーワードにした教師―生徒関係はどのように構築されるのでしょうか。

　先にも述べた中井らの研究では，「生徒の教師に対する信頼感尺度」（Students' Trust for Teachers；以下 STT 尺度）を開発し，中学生にこの質問紙を実施しています（中井・庄司，2006；2008）。因子分析の結果，STT 尺度で用いられた31の質問項目は「安心感」「不信」「役割遂行評価」という３つの因子に分けられることが示唆されました。「安心感」因子を構成する項目は，「先生になら いつでも相談ができると感じる」「私が不安なとき，先生に話を聞いてもらうと安心する」「私は先生と話すと気持ちが楽になることがある」「先生と話していると困難なことに立ち向かう勇気がわいてくる」といったものでした。「不信」因子を構成する項目は，「先生は自分の考えを押し付けてくると思う」「先生は自分の機嫌で態度が変わると思う」「先生は一度言ったことを，ころころ変えると感じる」「先生の性格には裏表があるように感じる」といったものでした。そして「役割遂行評価」因子は，「先生は悪いことは悪いとはっきり言うと思う」「先生は自信を持って指導を行っているように感じる」「先生は教師としてたくさんの知識を持っていると思う」「先生は正直であると思う」といった項目から構成されていました。

　これらの因子の中でも，先ほども述べたように「安心感」という因子は，教師との関係のよさを示す「教師関係」だけでなく，「学習意欲」「進路意識」「規則への態度」「特別活動への態度」といったその他の学校生活における適応感と関連していることが示唆されています。これらの結果は，教師―生徒関係において何が重要であるということを示唆しているのでしょうか。

　「安心感」という因子は，「先生なら話を聞いてくれる」「私／僕の話を受け止めてくれる」という（児童生徒にとって）予測可能な信頼性にもとづいたものであると言うことができます。いわゆるカウンセリング的な姿勢（カウンセリング・マインド），「あなたの話を聴くよ」といった共感的・受容的な姿勢が聞き手である教師側に備わっていることが重要であると考えられます。

2　相手の心に寄り添う

（1）共感する・受容するとは

　前項で，共感的・受容的姿勢と述べましたが，人が人を理解していくときには，いくつかの理解の仕方があると言われています。

　一つ目は「判断的理解」で，この理解の仕方は「分析的理解」と「評価的理解」に分けられます。

　「分析的理解」については例を挙げて説明します。まず，何かの集まりでみなさんが全然知らない人と同じ席になったという状況を想像してみてください。みなさんは相手とどのようなことから話しはじめますか？「お名前は？」「どこから来ましたか？」などと尋ねるかもしれません。少し踏み込んだところでは，どんな仕事をしているのか，といったことを尋ねることもあるでしょう。このように質問―応答のやりとりにもとづいて，相手の背景（相手についての情報）を収集していく，という理解の仕方のことを「分析的理解」と言います。

　「評価的理解」とは，相手についての情報を収集するというより，「よい人／悪い人」「やさしい／怒りっぽい」「マメな人／雑な人」など，自分のあるいは社会的な価値判断のもとに，相手を評価的に判断し理解していくことを言います。

　これらの判断的理解は，相手についての表面的な理解を進めていく方法です。もう少し情緒レベルで相手の内面（心）に入っていくと，「同情的理解」と「共感的理解」という理解の仕方になっていきます。

　「同情的理解」とは，「かわいそう」「気の毒に」などといった感情が働いた理解の仕方です。感情が働いている点は「同情的理解」と「共感的理解」とに共通しているのですが，「同情」が「共感」と決定的に異なっているのは，その感じている位置・視点です。「同情的理解」は端的に言うと上から下を見るという視点です。自分が今いる位置と相手がおかれている位置は違っていて，自分はそちらの位置に行く（高低でいうと「下りる」）ことはない。だから「か

わいそう」や「気の毒」といった感情が芽生えるのです。この「同情」という情動システムによって駆動される行動や活動も実際にはあるため，この「同情」といった感情が生起することの意義や是非についてはここでは深入りしないことにしておきます。

それに対して，「共感的理解」は，相手の置かれた立場や価値観を受け容れ，少なくとも相手と同じ位置，もしくは同じ高さでみる（みようとする）理解の仕方だと言えます。

以上，説明した理解の仕方の中で一番重要であり，そして一番難しいのは「共感的理解」です。私が大学院生として発達心理や臨床心理について学んでいたときのことです。当時の私の指導教官は「相手の（心の）奥座敷に土足で踏み込むな」という表現を使っておられました。共感的・受容的な態度とは，相手の心を理解しようと努めるあまりに相手の心にズカズカと入っていくことではなく，相手の心にそっと寄り添うことです。その際，私たちにもっとも必要なものは相手に敬意をはらうこと，そして相手の心の動きに配慮（気遣い）することであると言えます。この恩師の言葉は今でも私の臨床活動の中核に残っています。

このように，人が人を理解していく方法の中でも，目の前にいる子どもに寄り添おうとする共感的な態度や姿勢でかかわった結果，子どもが他者に対して持つ感情や感覚が変化したのではないか，という事例を2つほど挙げてみたいと思います。

(2) 子どもの「声」を待つ

以前，私がある小学校にスクールカウンセラー的な役割で入ったことがありました。その中で，小学4年生の男の子について先生から相談をうけたときのことです。その男の子は，対人トラブルが多く，社会的なコミュニケーションにおいて空気の読めなさや，教師に対する反発で先生方をたびたび悩ませていたとのことです。実のところ，彼は通級指導教室に通っていたのですが，少人数で担当している先生に悪態をつくことが多くあり，その点で通級担当の先生

6-2 児童期・思春期の関係性

から相談があったのです。

　私は，彼と話をする時間を設けてほしいと通級指導の担当の先生にお願いをし，彼と40分程度プレイルームで過ごすことにしました。時間の前半，彼は私に向かって「何で先生と話せんといかんと？」「別に話すことないし」などとポツリポツリと言いながらも，こちらの動きをチラチラと見ながらプレイルームの中の遊具を転々と移りながら過ごしていました。ときには「ねえ，○○先生（通級指導の担当）から（話をしてと）言われたんでしょ？」など，私と彼が２人で過ごす時間が設定されたことについて探りを入れるような質問もありました。そのとき，私は〈話したくなかったら別に話さなくてもいいからね〉や〈僕があなたと遊んでみたいと先生にお願いしたんだよ〉といった返答をしていました。結局，その40分の時間は，彼は居心地が少し悪そうに不思議な顔をしながら過ぎていきました。私はというと，彼の動作を距離をおいて眺めており，目が合ったときに「ん？」といった表情をしてみるなどにとどめ，質問やこちらからの働きかけはほとんど行いませんでした。

　後日，私は昼休みに校内を歩いていると，少し後ろから彼がついてきていることに気がつきました。しばらく気がつかないふりをしてゆっくり歩き，ふと立ち止まると，彼が「先生，ちょっと相談が…」と恥ずかしそうな，自分の感情をどう表現したらよいかわからず少し困ったような表情で話しかけてきました。〈ん？　僕でいいの？〉と思わず返事をすると「先生だったら話してもいいかなって…」と言い，相談室に２人で入り，彼がそのとき抱えていた友達関係のトラブルについて30分くらい話してくれました。

　担任の先生や通級担当の先生からは，「あの子が自分から相談を持ちかけるなんて…」と驚かれていました。先生たちから日ごろのかかわりについてお尋ねしてみると，彼の言動に対して先生方がつい怒ってしまう，「何でそんなこと言うの！」と言ってしまう，という反応をされているようでした。その先生の反応に対して彼が反応してしまう，という循環が彼と先生たちとの関係を形成していたようです。そのような彼に対して，ほとんど追従するような反応のみを返すというかかわりを私は試みました。その結果，「この人は敵じゃない」

第6章　学びを支える関係性

という認識を私に対してもってくれたのかもしれません。

（3）発達検査の意外な側面——子どもの反応に対する承認

　これもまたスクールカウンセラー的な役割の中で，小学校で発達検査を行っていたときの話です。担任の先生方から「子どもが検査から帰ってくると，その日くらいから，とても学校の中での表情がよくなるんです。なぜですか？」と突然尋ねられました。私はそこまで手続きから外れたことはしていませんし，そのような問いへの答えは当然のことながら持ち合わせていませんでした。

　後日，ある特別支援学級の児童の発達検査を依頼されたとき，同じクラスで以前発達検査を行っていた児童が私を見つけて「あ！　先生のクイズ，楽しかったよ！　だって，『わからんときはわからんて言っていい』て言ってくれたもん！」と他児に言ったとき，私と担任の先生は「こういうことだったのか!!」と顔を見合わせました。

　発達検査を行っているとき，私はネガティブなフィードバックを子どもに与えません。どんな答えが返ってきても〈うん，そうだね。〉などと反応を返します。児童にとっては，このような無条件（にみえる）受け容れを学校で体験できたことが嬉しかったのかもしれません。

　これらの事例を通してみると，児童生徒が「話を聴いてくれる」「自分の出来・不出来を受け容れ，認めて（肯定して）くれる」という予測可能性を他者（事例の中では筆者）の中に見出した，と言えるかと思います。この予測可能性を持ってもらうために，おとな側は子ども一人ひとりを「さまざまなことを感じ，考え，判断する『主体』」として尊敬すること，そして子どもの心に寄り添っていく姿勢・態度を持っておくことが重要なのではないでしょうか。

3　児童期〜思春期の子どもの環境との関係のとり方

（1）心の「居場所」

　前項では，児童生徒と信頼関係を築くために大人はどのようにかかわればよ

218

いのかについて論じてきました。それでは次は視点を変えて、子どもの視点に立って、子どもにとっての「心の居場所」とはどこかについて探っていきたいと思います。

子どもの生活において、主な「学び」の場はもちろん学校です。しかし、学校教育だけが子どもの心の発達を促すわけではありません。「学び」だけではなく、子どもがホッと一息ついたり安心して過ごしたりする場所があることは、心に余裕を持たせる上で重要でしょう。またそのような場は、次の活動に向かう心の準備をしたり自分らしい表現を行ったりする場としても機能するかもしれません。子どもにとって、「安心して身を置くことのできる場所」、すなわち、心の「居場所」はどこにあるのでしょうか。そして、その居場所は発達とともに変わっていくのでしょうか。もう一つ興味深い知見をみてみましょう。

(2)「居場所」の発達的変化

杉本・庄司 (2006) は、小・中・高校生を対象に「居場所」の心理的機能の構造とその発達的変化について、小学校5・6年生234名、中学校1・2・3年生304名、高校1・2・3年生321名に質問紙調査を行って検討しています。

まず、子どもが具体的に「居場所」と感じている場所については、小学6年生以上の学年では、1位はすべて「自分の部屋」、2位は「家（リビング）」、そして3位はばらつきはあるものの、「友達の家」「学校」などが挙げられていました。これらのことから、「自分ひとりの居場所」「家族のいる居場所」「家族以外の人のいる居場所」といった場所が子どもにとっての居場所となりうることが示唆されます。さらに、小学生は「家族のいる場所」を居場所として主にとらえており、その後中学・高校と学校段階が上がるにつれて「家族以外の人のいる場所」「自分ひとりの居場所」が挙げられるようになる、という発達的変化も示唆されています。

(3)「居場所」の心理的効果

それでは、それらの「居場所」は子どもに対してどのような心理的効果を与

えているのでしょうか。因子分析の結果,「被受容感」「精神的安定」「行動の自由」「思考・内省」「自己肯定感」「他者からの自由」という6つのまとまりが示唆されました。「被受容感」因子を構成する項目には「自分を本当に理解してくれる人がいる」「悩みを聞いてくれる人がいる」「人と一緒にいられる」といった項目が含まれていました。「精神的安定」因子には,「満足する」「無理をしないでいられる」「本当の自分でいられる」などの項目が含まれていました。「行動の自由」因子には「自分の好きなことができる」「自分の好きなようにできる」といった項目が,「思考・内省」因子には「自分のことについてよく考える」「物思いにふける」などの項目,「自己肯定感」因子には「何かに夢中になれる」「自分の能力を発揮できる」「好きなものがある」,そして「他者からの自由」因子には「他人のペースに合わせなくていい」「人を気にしなくていい」などの項目が含まれていました。

　詳しい分析結果については割愛しますが,これらの因子の中でも「被受容感」においては,学校段階に関係なく何でも話せる家族がいる方が居場所における「被受容感」,つまり受け入れられている感覚を持ちやすいという傾向が示されました。著者らは,「居場所」において「被受容感」を持てるかどうかには,家族関係が重要であるということを示唆しています。これらのことは,産まれてからずっと続く家族関係の重要性をあらためて支持するものであるといえます。家族がもつ機能に関して,家庭の雰囲気がよい,または家族の凝集性が高い家庭に育つ児童（小学校中学年ごろ）は,そうでない家庭に育つ児童と比べて抑うつ傾向が低いという報告もあります（菅原・八木下・託摩・小泉・瀬地山・菅原・北村，2002）。このような安定して安心できる家族関係を基盤にして,子どもは家庭外の場所や他者へとその活動の場を広げていけることが考えられます。

（4）児童期〜思春期の心の発達に寄り添う
　これらの知見を踏まえますと,教育の現場において児童生徒の心を理解していくためには,目に見える行動のみを対象とするだけではなく,行動の背景に

ある子どもの心の状態，そして子どもを取り巻く背景（社会的文脈や親子関係，または友達関係）といった視点を含めた大きなものの見方をすることが必要であることがあらためて確認されたと言ってよいでしょう．本節では大きく取り上げることができませんでしたが，いじめの問題に関しても，被害者だけでなく加害者においてもストレス症状のレベルが高く，とくに不機嫌や無気力といったストレス症状を示す子どもの中には，先生との関係が良好でない者が多いことが報告されています（岡安・高山，2000）．一般的には「いじめる方が悪いに決まっている」という物差しが適用されていると思いますが，いじめや非行などの反社会的な方法（行動）で今の自分の心の状態を表現してしまっている子どもの心のあり方にどうやったら寄り添っていけるか，児童生徒のことをわかろうとする教師の思いが伝わるのか，についてあらためて考え直す必要があるのかもしれません．

　本節では「信頼感」というキーワードを軸に，児童期における人間関係のあり方について述べてきました．この「信頼感」に基づいた関係のあり方は「教師―生徒」だけではなく「教師―保護者」「親―子」といった関係においても重要であることが考えられますが，とくに教育現場においては教師との関係が児童生徒の学校適応感だけでなく，人格形成などにも影響を及ぼすことを踏まえると，非常に重要なテーマだと言えます．さらには，この信頼関係が基盤にあることで「教える―学ぶ」といった情報の伝達や知識の教授，自分に向けられたメッセージの受け取りがより円滑に進みやすくなるのです．「思春期は信頼の再獲得の時期である」，「思春期の他者との関係がアイデンティティ形成に影響を及ぼす」とも言われるように，児童期は発達の過程でさまざまな課題に直面していく時期です．多くの欲求や期待と不安が入り混じる多感な時期にさしかかっているからこそ，子どもの学びを支える信頼感や安心感といった感覚をどのように保障していくのか．子どもの声に寄り添いながら，子どもなりに「安心できる」環境を設定すること，そして信頼できる他者との関係をより広げ，深めていくことが必要なのではないでしょうか．

第6章 学びを支える関係性

4　今後の展望——対人職における「関係性」

(1) 「関係性」という隘路

　「関係性」という言葉は，近年教育現場をはじめ対人職では頻繁に耳にするようになってきました。「関係性を築く」「関係性が大事」「関係性が取れてきた」など…。しかし，本項では，「関係性」という言葉が使われるたびにじつは思考はストップしている危険性があるということを指摘したいと思います。というのも，この「関係性」という言葉は非常に便利に使われる言葉である一方でその中身は非常に曖昧であり，その言葉を用いることで「他者との関係を築いた」気になってしまう危険性を孕んでいるからです。よくよく考えると，「関係性」という言葉それ自体では，ある個体とある個体が物理的もしくは精神的に近接した状態であること以上の情報は持っていません。つまり，「関係性」という言葉だけでは，自分と相手が「どのような」関係にあるのかについて言及できていないのです。

　私が専門とする領域の一つである，発達における課題やつまずきを有する子どもへの療育や訓練といった臨床活動において，療育者（臨床心理士をめざす大学院生に多い）が「子どもと関係性が取れてきた」と言って療育や訓練が順調に進んでいることを報告するときがあります。しかし，第三者的な視点からみると，「療育を行う人—受ける人」や「訓練をする人—される人」といった関係というよりも，仲良くなった友達関係のようなかかわり方にとどまっているケースも見受けられます。そのようなとき，関係性とはどのような関係のことをイメージしているのかと尋ねると，上に示したような人たちは決まって目を丸くして言葉に詰まってしまいます。「関係性」という言葉の便利さゆえに，自分のかかわり方と，子どもとの関係のあり方についてうまくモニタリングができていない例だと考えられます。

　私のスタンスを述べておきますと，「関係性」という言葉の使用自体を批判しているわけではありません。むしろ，「関係性」という言葉が含む概念を整

理することによって，人と人との関係のあり方をとらえなおすこと，そして教育現場における「関係性構築」のためのヒントとなるのではないかと思っています。

　教師―生徒関係のみならず，親子関係，子ども同士の子ども―子ども関係，また教師―教師（同僚）関係など人間関係のいたるところに師弟関係，友達関係，上下関係，敵対関係，守る―守られる関係などさまざまな関係が生じています。「なかなか関係性が築けない」と，子どもや保護者とのかかわりに悩まれる先生から相談を受けることがあります。そのようなとき，私は「相手とどのような関係（状態）を築きたいのか」を一緒に整理していくように勧めていきます。そうすることによって，先生自身が取るべき行動がみえてくることがたびたびあります。相手との関係を（再）構築していく際，やはり相手の行動の背後にある心に共感し受容すること，そして自分に対して信頼感を持ってもらうことが多くの場合重要であり，まずはじめにやるべきことのようです。そのような互いに信頼感を持ち合っている関係，つまり信頼関係を基盤として，「教える―学ぶ（教えられる）」といった関係が構築され，ときには別の関係のあり方へと調整されていくのではないでしょうか。

（2）教育における奇跡と教育における「関係」，コミュニケーション

　一方で，構築された関係性を基盤に行われる教育活動という営みにおいて，この「関係性」というものは非常に奇妙な，しかし考えてみると当たり前に起こりうる力動関係を示すことがあります。現代思想を専門とする内田は「教育の奇跡」として以下のように指摘しています。

　「教育の奇跡とは，「教わるもの」が「教えるもの」を知識において，技芸において凌駕することが日常的に起きるという事実のうちにある。「出力が入力を超える」という事実のうちにある。」（内田，2012, p. 25）

　内田のこの指摘は，非常に興味深い指摘であると私は思っています。「教えるもの」と「教わるもの」という関係の中で，知識や技術の上下関係が入れ替わってしまう。教育に携わるものとして，これほど教育者冥利に尽きる現象は

ないのではないでしょうか（同意していただける方が多いことを心より祈っております）。

発達心理学などで近年注目されつつある教示行為研究という領域がありますが，教育（教えるという行為）の結果として関係のあり方が入れ替わってしまう「奇跡」のような現象について自然科学的な研究を行う方法論はまだ構築されていないようです。その理由の一つとして，教えるという行為を対象とした研究は，「教示者が有している知識や技術，規範を学び手にどのように伝えるか」という枠内で行われているからであるという指摘がされています（赤木，2013）。

教育とはたんなる知識や技術，情報の伝達ではない，ということは教壇に立つ人は直感的に感じておられることだと思います。それは，学び手は，教えるものが「教えていないこと」を勝手に学んでいくからです。教師が直接口にしていないことでも自分に向けられたメッセージであると認識し，そこから深い思考が生まれる。このようなコミュニケーション（やりとり）が成立するためには，やはり「教えるもの―教わるもの」の間に信頼関係が成立していることが重要なのではないかと私は考えます。教師のことを信頼しているから，そして好きだから，教師が発信したもの（明示的にも非明示的にも）を「自分に向けられたメッセージ」として解釈し，そこからさまざまな深い思考が促されていく。このような深い思考の積み重ねが「教育の奇跡」を生み出すことにつながるのではないでしょうか。このような深い思考を促していく教え方について，実証的な研究が今後より一層進んでいくことが望まれます。

教育の本質を見失わず，子どもの心に寄り添っていくこと。教師という立場にある私たちは，日常的な業務に追われながらもこのことをできる限り心に留めていく必要があると思います。

 〈もっと詳しく知りたい人のための文献紹介〉

内田樹『先生はえらい』ちくまプリマー新書，2005年。

⇨教育の本質とは何か,師弟の関係の中に生じているのはどのようなコミュニケーションのあり方か,について書かれたコミュニケーション論・教育論です。中・高生に向けて書かれた新書ということで,比較的読みやすいと思います。

〈文　献〉

赤木和重「「心の理論」と教示行為――子どもに教えるのではなく子どもが教える」『発達』第135号,2013年,pp. 54-59。

小林正幸・仲田洋子「学校享受感に及ぼす教師の指導力に関する研究――学級の雰囲気に応じて教師はどうすればいいのか」『カウンセリング研究』第30巻第3号,1997年,pp. 207-215。

中井大介・庄司一子「中学生の教師に対する信頼感とその規定要因」『教育心理学研究』第54号,2006年,pp. 453-463。

中井大介・庄司一子「中学生の教師に対する信頼感と学校適応感との関連」『発達心理学研究』第19巻第1号,2008年,pp. 57-68。

中井大介・庄司一子「中学生の教師に対する信頼感と過去の教師との関わり経験との関連」『教育心理学研究』第57号,2009年,pp. 49-61。

岡安孝弘・髙山巖「中学校におけるいじめ被害者および加害者の心理的ストレス」『教育心理学研究』第48号,2000年,pp. 410-421。

菅原ますみ・八木下暁子・託摩紀子・小泉智恵・瀬地山葉矢・菅原健介・北村俊則「夫婦関係と児童期の子どもの抑うつ傾向との関連――家族機能および両親の養育態度を媒介として」『教育心理学研究』第50号,2002年,pp. 129-140。

杉本希映・庄司一子「「居場所」の心理的機能の構造とその発達的変化」『教育心理学研究』第54号,2006年,pp. 289-299。

内田樹「教育の奇跡――教えるということについて」『みんなのねがい』第545号,2012年,pp. 22-25。

人名索引

あ行
アリエス（Aries, P.） 51
ヴィゴツキー（Vygotsky, L. S.） 78
エリクソン（Erikson, E. H.） 77
オーエン（Owen, R.） 6
大村はま 146

か行
倉橋惣三 120
ケイ（Key, E.） 39
コメニウス（Comenius, J. A.） 5, 31
コンドルセ（Condorcet, M. J. A. N. C.） 6

さ行
鈴木三重吉 16
ソクラテス（Sōcratēs） 29

た行
ツィラー（Ziller, T.） 39
デューイ（Dewey, J.） 14, 40

は行
ハヴィガースト（Havighurst, R. J.） 75
林竹二 84, 127
ピアジェ（Piaget, J.） 76
プラトン（Platōn） 30
フレーベル（Fröbel, F. W. A.） 8, 36
ブレツィンカ（Brezinka, W.） 144
フロム（Fromm, E.） 124
ブロンフェンブレンナー（Bronfenbrenner, U.） 82
ペスタロッチ（Pestalozzi, J. H.） 34
ベル（Bell, A.） 4
ヘルバルト（Herbart, J. F.） 37
ボウルヴィ（Bowlby, J.） 189
ポルトマン（Portmann, A.） 73
ボルノー（Bollnow, O. F.） 142

ま・ら行
マートン（Merton, R. K.） 55
ライン（Rein, W.） 39
ランカスター（Lancaster, J.） 4
ルソー（Rousseau, J.-J.） 7, 34, 51
ロック（Locke, J.） 33

事項索引

あ 行

愛着（アタッチメント） 85, 189
愛着（アタッチメント）形成 189
愛着関係 85
愛着対象 198
青空教室 17
『赤い鳥』 16, 58
アカウンタビリティ 116
アガペー 129
アクティブ・ラーニング 44, 183
アセスメント 162
遊びを通して 154
新しい学力観 176
アノミー 55
アメリカ教育使節団 18
生きる力 42, 112, 174
生きる力の基礎 155
いじめ防止対策推進法 98
一義的責任 60
一条校 21, 109
居場所 67, 218
ウェステージ 12
『エミール』 7, 34, 51
エロス 129
エントレインメント 75
応答関係 199
応答的環境 66
被仰出書 10
親子関係支援 193
親子関係不全 208
親準備性 63
オルタナティブ（alternative）教育 109
恩物（die Gabe） 37

か 行

開智学校 11
外発的な動機付け 179
カイルハウ 8

カウンセリング・マインド 214
学習指導要領 19, 110, 165
学習指導要領解説 167
学習指導要領の変遷 168
学制 10
学年（学級）制 14
学力観 176
価値の共有 161
学級担任制 14
学級編制等ニ関スル規則 14
学校化 162
学校基本調査 102
学校教育の機能 2
学校教育法 18, 91, 110, 152, 169
学校教育法施行規則 153, 165
学校適応 211
学校適応感 212
『学校と社会』 41
学校の設置義務 91
学校評価 115
学校不適応 108
家庭の教育力 190
環境 155, 156
観点別評価 170
キー・コンピテンシー 42, 174
基本的信頼感 188
義務教育 2, 90
義務教育学校 109
義務教育学校標準法 19, 91, 102
義務教育費国庫負担制度 19, 91
義務教育費国庫負担法 103
キャリア教育 95
教育愛 129
教育委員会 100
教育課程 153, 165
教育基本法 2, 18, 91
教育行政 100
教育公務員特例法 103

228

事項索引

教育再生実行会議 21, 140
教育者の徳 142
教育職員免許法 103
教育職員養成審議会 138
教育勅語 15
教育的愛 143
教育的教授 38
教育的タクト 39
『教育に関する考察』 33
教育の機会均等 105
教育の奇跡 223
教育の自由化 21
教育を受ける権利 2, 90
教員の地位に関する勧告 135
教員の役割と地位に関する勧告 136
教化 16
教科書 110, 168
教科書検定 111, 169
教科書裁判 112
教科書の発行に関する臨時措置法 168
教科書問題 112
教科用図書 168
教科用図書検定規則 112
共感 215
共感性 120
共感的理解 215
教具 169
教材 169
教材研究 169
教示行為研究 224
教師聖職論 134
教師専門職論 134
教師の職業道徳 144
教師の倫理綱領 135
教授学的三角形 38
教職 133
教師労働者論 134
教師論 133
競争意識 204
軍国美談 15
経験主義 176
経済協力開発機構 → OECD

系統主義 176
系統発生 70
『京阪神連合保育会雑誌』 16
『ゲルトルートはいかにその子を教えるか』 35
健康 155, 156
公教育案 6
公教育制度 7
合計特殊出生率 52
高度経済成長期 17
国際学習到達度調査 → PISA
国際教育到達度評価学会（IEA） 178
国民皆学 10
国民学校 15
心の居場所 219
心の基地 158
子育て支援 131, 195
子育て支援機能 208
子育て相談機関 193
個体発生 71
ごっこ遊び 202
言葉 155, 156
『子どもとカリキュラム』 41
子どもの価値 52
子どもの権利条約 97
子どもの最善の利益 131, 191
子どもの発見 51
子どもの貧困 106
子どもの貧困対策法 106
「子どもを取り巻く環境の変化を踏まえた今後の幼児教育の在り方について」 191

さ 行

産業革命 4
3答申 114
産婆術 30
試案 167
自意識 206
シェマ 76
自我 202
自我同一性（identity） 77
自己実現アノミー 60
自己主張 199

自己省察　125
自己中心性　77
実践力　123
指導計画　153
指導と評価の一体化　171
『児童の世紀』　39
児童福祉施設の設備及び運営に関する基準　103
児童福祉法　18, 103
指導要録　166
『社会契約論』　34
自由遊び　159
就学援助　91, 106
就学義務　3, 91
自由学芸（リベラル・アーツ）　30
就学率　12
就巣性　73
集団の質　161
自由七科　30
授業時数　110
授業日数　110
主体性・能動性アノミー　60
『シュタンツ便り』　35
守秘義務　98
受容　215
準備期としての子ども　162
小1プロブレム　210
小学校キャリア教育の手引き　95
小学校設置基準　102
消極的教育　34
少子化　52
消費者としての子ども　58
自律性　126
人格主義的教師像　134
新教育　14
新教育運動　40
人材としての子ども　59
心情，意欲，態度　155
身体接触行動　189
信頼感　211
スプートニクショック　176
3R's　24

性格形成学院　6
成熟（maturation）　72
精神間機能　79
精神内機能　79
精神白紙説　33
生態学的移行　82
生理的早産　74
『世界図絵』　5, 32
絶対評価　170
前学力的能力　80, 159
全国学力・学習状況調査　176
全国保育士会倫理綱領　98
戦後日本型循環モデル　19
総合的な学習の時間　176
相対評価　170

た　行

第一義的責任　64
『大教授学』　31
第三者評価　115
大正自由教育　14
対象的行為　80
対人職　222
体罰　96
タブラ・ラサ　33
多様な教育機会確保法案　108
段階教授法　38
単線型学校体系　104
知識基盤社会　174
知的好奇心　202
地方教育行政の組織および運営に関する法律（地教行法）　101
中1ギャップ　210
中央教育審議会（中教審）　23, 138
中央教育審議会教育課程企画特別部会　181
中央教育審議会答申　95
中学校設置基準　102
懲戒　96
調節　76
直観教授　35
追視　197
通級指導　216

つかまり立ち 198
定位行動 189
哲学的問答法 30
伝達力 123
同化 76
等級制 14
東京女子師範学校附属幼稚園 10, 37, 157
同情的理解 215
同僚性 131
共育て 126

な 行
内発的動機付け 179
2語文 199
二次的就巣性 74
二部授業 17
日本国憲法 2, 18
人間関係 155, 156
人間関係の仕事 129
人間関係の発達 196
『人間の教育』 8, 36
『人間不平等起源論』 34
能動性 55

は 行
『白鳥の歌』 35
発信行動 189
発達 70
発達課題 75
発達研究 70
発達検査 218
発達の最近接領域 81
発達の主導的活動 79
母親業 62
パフォーマンス評価 171
判断的理解 215
汎知学 32
被受容感 220
ひとみしり 197
評価 170
評価的理解 215
表現 155, 156

フィリア 129
付加価値 62
複線型学校体系 104
『婦人と子ども』 16
普通教育 2, 90, 93
フランス革命 6
プロパガンダ 16
文化伝達機能 67
分析的理解 215
分離不安 188
保育 157
保育者の専門性 121
保育所保育指針 55, 152, 191
保育内容5領域 155
保育内容としての遊び 159
保育評価 163
法的拘束力 167
ポートフォリオ 162
ポートフォリオ評価 171
保護者理解 193
母子一体化 63

ま 行
学びの多様性 108
民衆統制(layman control) 101
『民主主義と教育』 41
無知の知 29
メトーデ 35
『メノン』 30
モニトリアル・システム 4
問題解決学習 40
文部科学省 100

や 行
役割遊び 80
野生児 73
有形力の行使 97
ゆとり教育 42, 176
指差し 198
幼稚園(Kindergarten) 37
幼稚園教育要領 55, 152, 191
幼稚園設置基準 102

231

幼稚園保育及設備規程　16
幼保連携型認定こども園教育・保育要領　152

ら　行
離巣性　73
療育者　222
臨界期　73
臨時教育審議会（臨教審）　21
ルーブリック　171

6・3・3制　18

アルファベット
DeSeCo　42
OECD　105, 179
PISA　42, 179
STT尺度　214
TIMSS　178

《執筆者紹介》

木山徹哉（きやま　てつや）編者，はじめに，第1章1-1，第2章2-1，第3章
　　九州女子大学人間科学部 教授

太田光洋（おおた　みつひろ）編者，第2章2-2，第4章4-1，第5章5-1
　　和洋女子大学人文学群 教授

荒井聡史（あらい　あきふみ）第1章1-2
　　長野県短期大学幼児教育学科 准教授

寺川直樹（てらかわ　なおき）第4章4-2
　　東北大学大学院教育学研究科 博士後期課程

平山静男（ひらやま　しずお）第5章5-2，5-3
　　福岡女学院大学人間関係学部 講師

中山智哉（なかやま　ともや）第6章6-1
　　九州女子大学人間科学部 講師

村上太郎（むらかみ　たろう）第6章6-2
　　九州女子大学人間科学部 講師

教育原論
――保育・教育を考える6つの視点――

2016年9月30日　初版第1刷発行　　　　　〈検印省略〉

定価はカバーに
表示しています

編著者	木　山　徹　哉
	太　田　光　洋
発行者	杉　田　啓　三
印刷者	江　戸　孝　典

発行所　株式会社　ミネルヴァ書房
607-8494 京都市山科区日ノ岡堤谷町1
電話代表 075-581-5191
振替口座 01020-0-8076

© 木山・太田ほか, 2016　　共同印刷工業・清水製本

ISBN978-4-623-07804-2
Printed in Japan

| 教育原理　第2版
寺下　明 著 | 四六判　168頁
本　体　2000円 |

| 新・教育原理──高等学校の教員をめざすひとに
山﨑英則 編著 | A5判　280頁
本　体　2500円 |

| 新しい教育の原理──現代教育学への招待
田代直人・佐々木　司 編著 | A5判　192頁
本　体　2200円 |

| 新しい教育原理　第2版
広岡義之 編著 | A5判　240頁
本　体　2400円 |

| よくわかる教育原理
汐見稔幸・伊藤　毅・高田文子・東　宏行・増田修治 編著 | B5判　336頁
本　体　2800円 |

| よくわかる教育学原論
安彦忠彦・児島邦宏・藤井千春・田中博之 編著 | B5判　264頁
本　体　2600円 |

| よくわかる子育て支援・家庭支援論
大豆生田啓友・太田光洋・森上史朗 編 | B5判　208頁
本　体　2400円 |

| 幼稚園・保育所・施設実習完全ガイド〔第2版〕
──準備から記録・計画・実践まで
太田光洋 編著 | B5判　308頁
本　体　3200円 |

―― ミネルヴァ書房 ――
http://www.minervashobo.co.jp/